COLLECTIO

François Coupry

LE FILS DU CONCIERGE DE L'OPERA

GALLIMARD

Michel Chaillou,
qui m'a donné l'occasion
d'« improviser » en public
cette histoire,
et pour Guy Darol,
fils du concierge des
archives nationales
de l'Assistance publique.

Chapitre un

Je me souviens si peu de ma mère, morte deux ans après ma naissance. Dans ma chambre d'enfant il y avait son portrait, mais elle restera toujours une figure lointaine.

Ce fut donc mon père qui dirigea mon éducation.

Lorsque j'eus cinq ans, il me dit :

– Mon fils, tu ne dois plus l'ignorer : je suis concierge de l'Opéra.

Il avait prononcé cette phrase avec son style habituel, maniéré, alambiqué, et comme une révélation extraordinaire. Mais depuis longtemps je le savais, que j'étais le fils du concierge de l'Opéra. Je l'avais sans doute toujours su, même avant de connaître exactement le sens des mots « concierge » ou « opéra ». Le bureau de mon père se trouvait à côté d'une immense porte, enjolivée de dorures, qui devait permettre d'entrer dans cette gigantesque maison aux couloirs et aux escaliers monumentaux.

Mais, dans cette maison, je n'avais jamais vu entrer les innombrables personnes qui y habitaient. Et, de cette maison, je n'avais jamais vu sortir quelqu'un. Et, dans cette maison, moi j'étais né. Et, de cette maison, je n'étais jamais sorti.

Quelques jours après avoir entendu de sa bouche cette phrase solennelle, j'ai osé lui demander :

– Papa, quand pourrai-je sortir de cet opéra ? Quand pourrai-je me promener dehors, dans le vaste monde ?

– Dehors ? Le vaste monde ? Qui t'a mis ces mots en tête ? me répliqua mon père, penchant vers moi son long visage, aux traits secs et marqués comme ceux des douze statues qui ornaient le grand hall.

Je rougis :

– Je ne sais pas, une idée, comme ça.

– Une idée ? Tiens, tiens ! Raconte-moi.

J'hésitai, avant de lui parler des livres illustrés qui avaient gravé dans ma tête cette idée d'un « vaste monde », ces livres que je parcourais dans le silence des longs après-midi, depuis qu'il m'avait appris à lire. Mon père me sourit.

– C'est une bonne occupation, dit-il...

Car les après-midi étaient longs. Les matins aussi, d'ailleurs. Cependant il me semblait que les matinées passaient plus vite, parce qu'on est heureux de s'être réveillé, parce que tout paraît plus frais. Et parce qu'elle me paraissait plus joyeuse, la lumière qui traversait vaguement les hautes vitres opaques des inaccessibles fenêtres. Mais le temps des après-midi s'écoulait comme un sommeil immobile. Et j'errais, bâillant, me grattant, m'ennuyant. J'allais dans les couloirs, les escaliers. Je n'avais pas peur de me perdre, je savais que je trouverais toujours quelqu'un pour me raccompagner vers les pièces où nous logions, mon père et moi, derrière son bureau. Ma maison était si vaste que sans cesse je découvrais de nouvelles salles dorées aux larges parquets glissants, des galeries inconnues.

Et jusqu'à l'âge de cinq ans je me suis promené, cherchant quelque chose que j'ignorais.

Il n'y avait, me semblait-il, pas d'autre enfant de mon âge.

J'allais souvent dans les ateliers où beaucoup de femmes et d'hommes cousaient des costumes, peignaient des toiles nommées « décors ». Un jour j'avais demandé à Mme de La Calome, qui dirigeait celles qui cousaient, à quoi et à qui servaient ces robes et ces habits. Elle m'avait répondu :

– C'est pour les acteurs, les cantatrices. Celles et ceux que tu croises dans les loges, dix étages plus bas.

– Ah, oui ? avais-je dit.

Effectivement, je les croisais. Ils avaient des bustes imposants, ils me donnaient des bonbons collants, ils parlaient très fort comme si j'étais sourd. Un autre jour, j'avais demandé à M. Laglacière, qui commandait ceux qui peignaient les décors, à quoi servaient ces toiles imagées. Il m'avait expliqué :

– Elles sont suspendues au fond de la scène, elles représentent le monde !

– Le monde ? C'est quoi le monde ?

– Le monde extérieur, le réel, ce qui se trouve peut-être au-delà des murs de l'opéra.

Je n'avais pas compris, et je n'osai pas lui demander le sens de ce mot étrange : « représenter ». Mais cette évocation d'un monde extérieur m'emplit d'émotion. Moi, je croyais que l'univers s'arrêtait aux murs de ma maison, je croyais qu'il n'y avait rien au-delà. Et je regardais les hautes fenêtres avec inquiétude : peut-être le chef des décorateurs s'était-il moqué de moi ?

J'avais repéré un couloir plus obscur, que les innombrables grandes personnes qui déambulaient, empruntaient rarement. Un nouvel après-midi, me cachant un peu, je bâtis un échafaudage de chaises pour atteindre depuis ce couloir, une des fenêtres, car j'avais remarqué sur la vitre une tache plus claire. En équilibre, retenant mon souffle, m'accrochant aux angles poussiérieux, je parvins à coller mon œil. Il faut que je sois sincère, je ne vis presque rien. Mais il me sembla qu'on pouvait apercevoir, à travers une lumière frisante, des constructions pareilles à celles que j'avais admirées sur les décors, des ponts, des arcs. Évidemment, dans mon trouble je dérangeai l'équilibre de mon échafaudage, et tout s'écroula. J'en fus quitte pour quelques bleus et leur trouver une explication admissible !

Oui, j'en vis assez, malgré tout, et je voulus en savoir davantage.

Mon père m'avait donc appris à lire. Il m'avait d'abord appris à m'exprimer dans cette langue onctueuse qui était la sienne, à ciseler ces phrases élégantes dont, à l'âge de cinq ans, je maniais déjà les tournures savantes. Et il m'avait appris, aussi, à écrire. Afin que je puisse tracer plus tard sur un grand cahier noir le paragraphe mystérieux que chaque soir il calligraphiait : *Aujourd'hui, rien d'extraordinaire, rien que le train-train du merveilleux.* Mon père m'avait également transmis le goût de la musique : chaque soir, après dîner, avec des gestes de prestidigitateur, il sortait d'une boîte noire un violon brillant et, de ses cordes, grâce au miraculeux mouvement de l'archet, il créait des sons qui ressemblaient à des caresses, tandis que son visage devenait si doux, si proche que je l'aimais encore plus, jusqu'à m'endormir dans la chaleur d'une affection partagée. Et mon père m'avait, enfin, indiqué où se trouvait la Grande Bibliothèque.

Et c'est là que je m'étais rendu, un certain après-midi, tandis que la lumière devenait plus grise, pensant y trouver la clef de ce problème de l'existence du Monde Extérieur.

La plupart des ouvrages traitaient du maquillage, de l'éclairage, de la musique. Il y avait de multiples partitions. Il me fallut de nouveau risquer une chute, monter à de longues échelles, pour accéder au sommet de cette bibliothèque, où trônaient, recouverts de toiles d'araignées, des livres nommés « atlas ». Et ce fut une révélation aussi envoûtante que le violon de mon père : ces livres me montrèrent l'univers. Ou plutôt, ils me firent encore rêver à l'existence possible d'un monde qui ne serait point contenu dans ma maison. En ces atlas, et en d'autres ouvrages portant le nom d'« encyclopédie », il était question de choses incroyables : « les Champs-Élysées de Paris », « la Tour de Londres », « le Colisée de Rome », « les arènes de Séville », « les pyramides du Caire », « les gratte-ciel de New York », « Sainte-Sophie d'Istanbul », « la Grande Muraille de Chine », et autres beautés dont les photographies ornaient les pages. Il y avait aussi des images de « guerre », ou de « populations affamées », qui me parurent sublimes ! Je m'émerveillai, refermai ces trésors, les remis à leur place. Et, tous les après-midi, j'étais revenu étudier, admirer. Mais, le soir, dans mon lit d'enfant, je me disais : Ces images, ces photographies ressemblent aux décors qui sont fabriqués ici, je ne possède point la preuve absolue que d'autres maisons se trouvent au-delà de ma maison.

C'est alors que je pensai à la porte.

Je m'étais aventuré jusqu'aux fenêtres, il me suffisait peut-être de pousser la porte !

Et, une nuit, après avoir bien vérifié que le sommeil de mon père était profond, je me glissai hors de ma chambre, dans le hall aux voûtes plus hautes que le regard, vers la grande porte.

Elle était là, aussi tranquille que le sommeil de mon père.

Je savais bien que jamais je n'oserais l'ouvrir sans la permission de celui qui m'avait donné la vie. Et pourtant je la contemplais avec l'envie de la toucher, de la pousser. Et je me demandais : Vers quelle lumière conduit-elle ? Je retournai me coucher. De toute manière, je n'avais, répétons-le, jamais vu quelqu'un la franchir, cette grande porte, que ce soit pour entrer ou pour sortir...

Quand mon père s'étonna que j'utilise ces notions de « dehors », de « vaste monde », et que je souhaite me promener à l'extérieur de l'opéra, je passai sous silence mon expédition nocturne. Je ne lui racontais pas, non plus, comment certaines paroles de M. Laglacière m'avaient rempli d'émotion : j'avais peur que ce brave décorateur ne subisse les foudres du concierge de l'opéra ! Je lui avouai uniquement mes recherches livresques dans la Grande Bibliothèque, et il répliqua donc, en souriant :

– C'est une bonne occupation.

Puis il me prit la main et se dirigea vers cette fameuse porte. Mon cœur battait à tout rompre, et brusquement la voix de mon père résonna, monta tous les étages de l'opéra :

– Venez, magiciens du grand théâtre !

Et, comme un torrent, ils arrivaient, ils galopaient sur les escaliers, et à peine furent-ils réunis dans l'immense hall que mon père continua :

– Mes amis, l'être qui m'est le plus cher au monde, mon enfant, veut comprendre le pourquoi et le comment, ses yeux désirent s'ouvrir, et c'est un grand moment pour un père...

Ils étaient là, les machinistes, les cuisiniers, les chefs d'orchestre, les harpistes, les violonistes, les maquilleuses, les décorateurs, les costumiers, les cantatrices, les ténors, les basses, et mon père poursuivait :

– ... Oui, un grand moment, quand un fils souhaite quitter le cocon de son enfance, et nous allons l'aider, entrebâiller pour lui la porte de la vie, en commençant par lui faire visiter la grande forêt de Bralidou !

Ils étaient bien trois cents, les retardataires dévalaient les marches et je reconnaissais M. Laglacière, Mme de La Calome, et tant d'autres, et M. Roziers, et Mme Grâce. Je fis un pas vers la grande porte...

– Attends ! dit mon père. Tu ne peux point admirer le monde sans auparavant t'habiller de belle façon.

Il me fit entrer dans mon bureau, puis dans ma chambre, après avoir crié à tous ceux qui nous entouraient :

– Préparez-vous, préparez tout !

Et mon père m'aida à passer un costume de toile rèche qui sentait l'amidon. Mon plaisir avait nom fierté. Il me coiffa, collant mes cheveux avec cette crème que je pensais réservée aux acteurs, et j'eus la raie bien droite. Et il me prit encore la main.

Et nous retournâmes dans le hall. Je fis de nouveau un grand pas vers la grande porte, vers la forêt promise...

Mais mon père me tira de l'autre côté : vers le monumental escalier le long duquel musiciens et artistes étaient rangés, une haie d'honneur pour moi ! La poitrine aussi légère qu'un ballon rouge, avec mon père à mes côtés je montai les marches lentement. Je vis du coin de l'œil Mme de La Calome qui me fit du doigt un petit signe : j'avais envie de sauter de joie, mais c'est sans bouger un cil que je répondis seigneurialement à son geste d'amitié. Nous longeâmes des couloirs tapissés de dorures. Ce furent des enfilades de pièces, et je prenais encore conscience que, malgré mes cinq ans, je n'avais arpenté qu'une infime partie des dédales de ma maison. La foule des techniciens, des artistes nous suivait, à pas de danse. Puis les couloirs devinrent plus étroits, on tournait.

Elle m'attendait.

Elle était plus grande que moi, mais c'était encore une enfant, elle devait avoir dix ans.

– Voilà Valentine, qui sera ton ouvreuse, me dit mon père, abandonnant ma main.

Comment décrire le vide qui me traversa le corps ? Jusqu'alors je croyais que j'étais le seul enfant dans l'Opéra.

Plus tard, je me souvins des paroles de papa, à mon oreille : « C'est la fille de Mme Bekedorf, la maquilleuse en chef... » Sur le moment je ne sentis que cette humiliation : Valentine était plus grande que moi ! Ce n'était pas une grande personne, mais à côté d'elle j'avais l'air trop petit.

– Si Monsieur veut bien me suivre, chuchotait-elle.

Et, pensant que certainement tous les employés de l'Opéra, tous les serviteurs de cette maison, dont jusqu'alors je croyais être l'unique roi, se moquaient de moi, minuscule derrière un autre enfant, rouge de honte je suivais Valentine : elle ouvrait une minuscule porte, aussi minuscule que moi.

J'avoue aujourd'hui, écrivant ces lignes et repensant à cette époque de ma prime jeunesse, que j'ai honte de cette honte.

Chapitre deux

Valentine poussa la minuscule porte, me laissa passer. J'avais les yeux fermés. Je pensais à ma mère. Je fis quelques pas. Puis, déçu de ne pouvoir jouir de mon plaisir autant que je l'aurais souhaité, j'entrouvris les yeux.

Ce n'était point la forêt que j'attendais, que j'espérais, mais la surprise chassa cette déception.

Au fond, il y avait un rideau rouge.

Quand je dis « au fond », c'est « à des kilomètres » qu'il faudrait dire ! Jamais je n'aurais cru que ma si vaste maison puisse contenir une salle aussi vaste !

Devant ce rideau rouge reposaient des milliers de fauteuils vides, en velours, sur des centaines de rangées. Autour, des galeries, des balcons, sur je ne sais combien d'étages, étaient également garnis de fauteuils vides. Des statues d'or, des géants et des femmes beaucoup plus imposantes que cette Valentine, soutenaient les galeries et les balcons. Et un lustre, qui aurait pu écraser cinquante enfants de cinq ans comme moi, était suspendu au-dessus de ma tête. Je m'avançais, les yeux éblouis.

Je n'eus pas le temps de m'enthousiasmer davantage : la grande gamine qui était mon « ouvreuse », sans me toucher, respectueusement, me conduisit jusqu'au milieu des rangées de fauteuils de velours, et me désigna une place.

– Voilà votre numéro, dit-elle : le 24.

Je m'assis. Elle se retira.

Aussitôt la lumière du grand lustre baissa. Entre les fauteuils et le rideau, je remarquai une sorte de fosse, et la tête d'un homme apparut, me salua, se retourna. Ses bras s'agitèrent : une musique, plus forte que celle du violon de mon père, envahit la salle.

Le rideau rouge s'ouvrit.

C'est alors que je vis enfin la fameuse forêt de Bralidou.

Je n'avais jamais vu de forêt, et mes yeux n'en pouvaient plus d'admiration. Une forêt comme sur les livres que je feuilletais dans la Grande Bibliothèque ! Ce ne fut que le soir, dînant avec mon père après cette « représentation », que je pus réfléchir, penser que cette forêt n'était qu'un décor, pareil à ceux que j'avais si souvent contemplés dans l'atelier de M. Laglacière.

Sur le moment, ces arbres, ces branches et ces feuilles m'apparurent si beaux, si colorés, si étincelants que je les croyais vrais, que je m'imaginais percevoir le monde extérieur, celui d'au-delà les murs de ma maison ! Car cette Valentine m'avait désorienté, avait brouillé l'esprit critique qui aurait dû tempérer mon émerveillement. Sans cesse, je me retournais. Où était-elle ? Où était celle qui dérangeait mon enfance, désignait ma petitesse, m'empêchait d'être unique ?

Droite, dans l'ombre, elle demeurait derrière moi, à l'entrée de la salle. Elle était brune avec de grands yeux et des fossettes. Elle portait un costume noir, avec une collerette blanche. Elle avait des souliers bien cirés. A chaque instant je craignais qu'elle néglige son devoir et son rang, qu'elle ose venir s'installer à côté de moi, me privant définitivement de mon royaume et de ce spectacle auquel je n'arrivais pas à prendre un plaisir parfait.

Au milieu de ce que je sus plus tard être une « scène », des êtres costumés s'agitaient et chantaient, racontant sans doute une histoire que je ne suivais pas. Le peu que la présence de cette Valentine me permettait d'admirer, c'était cette forêt. Il me semblait qu'un air nouveau émanait d'elle, une odeur que je n'avais jamais respirée, une fraîcheur qui évoquait des mots que mon père m'avait enseignés, et dont seuls pour moi les lettres et les sons existaient : les « mousses », les « herbes », la « rosée », la « boue », les « écorces », le « printemps », l'« automne »... Oh ! combien j'aurais donné, alors, pour que cette Valentine ne soit pas là, plus grande que moi et pourtant enfant comme moi. Et voilà qu'elle provoqua encore ma honte, lorsque le rideau se referma, lorsque la lumière revint, lorsqu'elle marcha vers moi, lorsque je sentis tout à coup ses cheveux contre mes joues trop chaudes : « Il faut applaudir », murmura-t-elle, me rappelant à l'ordre ! Alors, comme on se jette à l'eau pour en finir, les jambes à mon cou je m'enfuis. Et pour comble de malheur je me perdis dans les couloirs. Je dus me pincer les joues pour retenir mes sanglots de rage. Et M. Opique, le menuisier, dut m'aider à retrouver le chemin.

– Alors, fit mon père ce soir-là vers la fin du dîner, comment t'a paru le monde ?

– Est-ce bien le réel que j'ai vu ? répliquai-je avec une insolence qui me surprit moi-même.

J'étais blessé. Davantage par la découverte de cette Valentine, son rôle et le poids de sa présence, que par les réflexions m'amenant peu à peu à penser que cette forêt était artificielle et ne se trouvait point au-delà des murs de notre maison.

– Ce n'est qu'un décor, ce que j'ai vu, ajoutai-je.

– Tu parais bien perspicace, mon enfant, fit-il en avalant une ultime bouchée de riz au lait. Qu'est-ce que le réel ?

– C'est ce qu'il n'y a pas ici.

– Ah ! Ah ! Alors, moi, je ne suis pas réel ?

– Si, mais...

– Mais quoi ?

– « Réel » n'est peut-être pas le bon mot. Disons, papa, que je voudrais connaître ce qu'il y a ailleurs qu'à l'Opéra. Le Parthénon de Rome, les pyramides d'Athènes, et tout ça, développai-je en mélangeant un peu.

– Tu connaîtras les pyramides, mon fils. Tu connaîtras tout ce qu'il y a à connaître des hommes, de l'histoire des peuples de la planète, de la vie et de la mort. As-tu été gentil avec Valentine ?

Un couteau se retourna dans ma plaie. Je dus pâlir.

Mon père remarqua cette douleur, baissa pudiquement la tête. Puis la releva.

– Elle doit devenir ton amie, fit-il d'un ton sans réplique.

Jamais, pensai-je. Jamais de la vie ! Elle m'a gaché ma fierté, mon plaisir, elle a tout embrouillé, je la hais ; je ruminai des sentiments désagréables, et on alla se coucher. Je rêvais d'une forêt sans Valentine, et l'odeur de la mousse me souleva vers un ciel bleu.

Les jours qui suivirent, on ne parla plus du réel ni de cette Valentine.

Et des mois passèrent. Le temps fabriquait des jours semblables, qui se répétaient comme mon image devant deux miroirs face à face. Et j'ai continué à arpenter les couloirs, les galeries, les escaliers. Et j'ai continué à parler, certains après-midi, à Mme de La Calome ou à M. Laglacière. Mais je m'énervais, j'avais envie d'une vraie forêt.

– Avez-vous rencontré une vraie forêt ? demandais-je un jour à M. Gardonne, l'éclairagiste.

Il me caressa les cheveux, ses yeux eurent comme une inquiétude.

– Il faut faire confiance à ton père, me dit-il. C'est un grand concierge, et tout le monde l'aime.

Il n'avait pas répondu à ma question.

Et chaque soir, le violon de mon cher papa sortait de sa boîte, l'archet s'élevait, la musique m'emportait, et le visage de l'artiste n'était plus celui du concierge, devenait un joyeux soupir, une plainte heureuse, transfigurée, qui m'entraînait si loin que j'en oubliais pour un temps mon envie de vraie forêt et toutes les questions que l'auteur de mes jours trop souvent éludait. Mais, une fois le violon remis dans sa boîte, au milieu de mon lit et du noir de la nuit, l'odeur de la mousse revenait, obsédante.

Ce fut le jour de mes six ans, après la fête au cours de laquelle MM. Calor et Martin, les deux ténors, chantèrent en mon honneur, que je décidai de retourner dans le couloir obscur et peu fréquenté où un coin plus clair de la vitre opaque d'une haute fenêtre permettait peut-être de regarder... ailleurs, dehors !

Il faisait chaud ce jour-là, et mon père se reposait de notre bon déjeuner. La lumière tamisée qui provenait des ouvertures, par-dessus les voûtes et les moulures, formait sur le sol de larges avenues blanchâtres. Et dans le couloir obscur, du petit point moins opaque de la haute fenêtre un jet brillant traçait un long doigt jusqu'au parquet. Je fis un nouvel échafaudage de chaises, grimpai, collai mon œil...

D'abord, aveuglé, je ne vis rien. Puis, alors que je me figurai que j'allais admirer, comme la première fois, des ponts et des arcs, je vis des feuilles. Les feuilles d'un arbre. Elles étaient encore plus vertes que celles des arbres de la forêt sur la scène. Et elles n'arrêtaient pas de frémir, de se balancer.

J'entendis rire. C'était Valentine.

Au moment où je me disais : Pourvu que mon échafaudage ne s'écroule pas, j'eus un tel mouvement de surprise que j'entendis un grand fracas, mes mains durent s'agripper au rebord du mur, les pieds dans le vide. Valentine riait :

– Attends, je vais t'aider !

Et voilà qu'elle me faisait de nouveau sentir qu'elle était plus grande que moi. Et plus dégourdie ! Si j'agitais mes jambes, c'était moins pour tenter de me raccrocher que pour écarter sa prévenance... Elle saisit mes pieds, les posa sur ses épaules. Et ses épaules sautillaient, elle riait toujours, Valentine.

– Prends appui, disait-elle.

J'aurais préféré tomber, me faire mal, mais seul : je fus bien contraint d'accepter son aide et de me laisser glisser tandis qu'elle s'affaissait, s'agenouillait lentement, démontrant sa force et ma légèreté. Retrouvant terre, je ne lui dis point merci. Ou plutôt, car j'étais trop bien élevé, je lui dis : « Merci mademoiselle », mais d'un ton si sec que ce remerciement valait une gifle.

C'était moi que j'avais envie de gifler. Mon attitude était minable, et je lui en voulais de me faire paraître tel que j'étais !

Devais-je nécessairement faire le fanfaron ? A cette époque je crus que c'était la seule parade à cette nouvelle humiliation. C'est aujourd'hui que je suis humilié, y repensant : on rêve d'une enfance admirable, elle n'est souvent que bêtises et sottises.

– Moi, j'ai vu les vrais arbres, affirmai-je.

– Ah ? fit-elle.

– Oui, je les ai vus et ils sont plus beaux que sur les décors, continuai-je sans tenir compte de l'ironie au coin de la bouche de Valentine qui répétait :

– Ah ?

– Oui, les vrais arbres. Les vrais de vrais, ajoutai-je avec agressivité. L'autre jour, j'ai ouvert la fenêtre. Oui, j'ai réussi à ouvrir cette fenêtre, là, en haut. Cette fenêtre derrière laquelle il y a les arbres. Et je les ai touchés. Je les ai caressés. Leur écorce est rugueuse. Avec une odeur de soufre.

– Ah ?

– Oui. Les feuilles sont vivantes. Dès qu'on les frôle des doigts, elles s'animent, se tordent. J'ai connu, j'ai vu, j'ai senti.

– Ah ?

– Oui, ça peut sembler étonnant, mais c'est ainsi.

Enfin, j'osai soutenir le regard de Valentine, espérant lire sur son visage un signe d'admiration. Je ne vis point le scepticisme qui devait creuser de frémissantes fossettes autour de sa bouche. Mais je crus deviner un intérêt qui, à défaut d'admiration, m'incita à continuer de l'étonner. Ce fut avec une force ragaillardie que j'insistai :

– Et sur ces arbres, il y a des oiseaux. Pas des oiseaux peints comme tu as pu en voir au magasin des accessoires, mais des oiseaux qui volent, qu'on ne peut attraper, qui s'enfuient dès qu'on s'approche...

– Ne parle pas si fort, dit-elle brusquement. On pourrait nous entendre. Et rangeons ces chaises. On pourrait nous surprendre.

Et voilà qu'en plus de sa taille supérieure, c'est sa raison, son bon sens, que cette gamine m'infligeait. Avec une agressivité décuplée, je m'écriai :

– Qu'importe. Je suis ici chez moi. Je suis le fils du concierge. Je peux hurler comme je veux et entasser des chaises comme je le désire !

Peut-être déjà, au fond de moi, avais-je envie de lui murmurer : « Valentine, n'écoute pas ce que je dis, je suis un prétentieux, aide-moi à devenir intelligent. » Mais pouvait-elle deviner ce que moi-même je ne concevais pas encore ? Sans tenir compte de mes réactions, elle rangea les chaises, me saisit la main :

– Viens.

Cette complicité m'était insupportable. Ce geste d'attraper ma main, comme si elle était une parente, m'était insupportable. Mais je la suivis.

Nous descendîmes jusqu'aux entrailles de l'Opéra.

– Je connais, bien sûr que je connais, je connais par cœur ma maison ! répétais-je.

Et pourtant, au comble de l'amertume, je découvrais des couloirs profonds, des chemins tordus, dont j'ignorais évidemment l'existence. On s'enfonçait, tout devenait obscur, il ne fallait pas que je montre l'angoisse qui rendait moite la main qu'elle serrait dans la sienne... Saurait-elle, cette pauvre enfant, retrouver la route vers la loge de mon père le concierge ? Et mon père le concierge aurait-il permis que je m'aventure jusqu'à cet abîme où, à pas rapides, échevelés, nous plongions ? Enfin nous arrivâmes au tréfonds de ma maison... Mais était-ce encore « ma » maison, celle que je partageais avec cette fille, celle dont elle me montrait de nouvelles faces cachées ?

– Nous sommes sous la scène, regarde !

Je regardai... Valentine avait des yeux comme l'ombre. Nous nous trouvions sur une passerelle. Valentine avait une peau qui sentait l'odeur de ces arbres que je n'avais jamais approchés. J'aurais voulu la pousser dans le gouffre qui s'étendait à nos pieds, et cependant c'est à elle que mes mains de plus en plus moites se raccrochaient. Ce gouffre : nous nous tenions à la rampe, nous nous penchions, il y avait bien une vingtaine d'étages au-dessous de nous, des successions d'autres rampes et d'autres passerelles, jusqu'au noir impensable d'une nuit à des milliers de mètres de profondeur...

– N'aie pas peur, regarde !

– Je n'ai pas peur, je connais, fis-je d'une voix qui démontrait que j'avais le vertige et que je ne connaissais pas.

Des cordes pendaient sur cet abîme, telles des pluies solides, retenant des cercueils.

Chapitre trois

Ces cercueils se balançaient, au bout de ces cordes, des centaines de cercueils, et j'avais beau m'écarter de la rampe, j'avais l'impression de tomber, de tomber...

– Là, nous enterrons nos morts, me disait Valentine, tandis que je voyais les gouttes de ma propre sueur dégringoler jusqu'au fond de ce trop large trou.

– Ah bon ? fis-je sans plus songer que j'étais censé connaître ce lieu.

– Oui, nos morts, continuait Valentine. Depuis des siècles. Les artistes, les techniciens, des plus grandes cantatrices jusqu'au plus humble des figurants, toutes, tous, sont là, suspendus dans leur cercueil. C'est le grand cimetière du grand opéra. Et ton arrière-arrière-arrière-grand-père doit s'y trouver. Et ta mère, aussi.

– Ma mère, m'écriai-je, non, ma mère n'est pas là !

– Ta mère est là. Et la mienne y sera bientôt.

Je reculai.

– Je te hais, hurlai-je.

– Je sais, répondit-elle tranquillement.

J'ai la gorge nouée, aujourd'hui, en me remémorant cette réponse. En ce temps-là...

Ah ! en ce temps-là, mes yeux se noyèrent dans le blanc d'un évanouissement. Et je subis le couronnement de l'humiliation, en me retrouvant dans mon lit : ce fut certainement Valentine qui m'y porta. J'espérai seulement que ce n'était point elle qui m'avait mis en pyjama. Je restai quelques jours dans une grande fatigue.

Mon père, pour la première fois, fit le clown devant moi, afin de me faire rire : je souris à peine. Pourtant, il était drôle, à souffler dans un ballon imaginaire, et il sursautait lorsqu'il éclatait !

– Elle n'aurait pas dû te montrer le cimetière sous la scène, soupira-t-il un soir en prenant son violon.

Et quand il en joua, ses regards ne furent point ceux d'un lutin délivré mais ceux d'un humain inquiet. Et mon bonheur ne parvint pas, non plus, à se délivrer. Ainsi, elle lui avait tout raconté. Et moi qui aurais tant désiré être le seul confident de cette Valentine que je haïssais.

– Tu es trop petit, ajouta-t-il gentiment, me frottant le front comme on achève une puce.

Je ne sais combien de temps passa avant que ne germe en moi cette décision : me redresser, me montrer grand !

Oui, les saisons coulèrent dans le grand sablier sur le bureau de mon père, et il dut écrire maintes fois : *Aujourd'hui rien d'extraordinaire, rien que le train-train du merveilleux,* avant qu'un beau matin je me lève, les dents serrées.

C'était donc décidé : ma maison, je la connaîtrais de fond en comble, et j'en examinerais le moindre coin. Plus question qu'une impertinente me démontre que j'en ignorais certains recoins ! Mes après-midi devinrent aussi ensoleillés que les matinées. Je crus être méthodique et notai mes déplacements sur un petit carnet : les étages, les demi-étages, les quarts d'étages n'auraient plus de secret pour moi ! Je renouai mes relations avec M. Laglacière, avec Mme de La Calome, avec M. William, le maître d'armes, avec Mlle Planche, la répétitrice au piano, avec Mlle Raton, au nom bien prédestiné car elle était maîtresse des petits rats. Avec M. Moulin, le fabricant des casques et lances, avec Mme Angine qui tissait les voiles, avec celui qu'on appelait simplement Gustave, le souffleur. Avec la grande soprano, Mlle Pontauven, qui portait de si jolies mamelles. Avec la lourde et maigre basse, M. Lange. Avec nos deux ténors grassouillets, MM. Calor et Martin... Je m'imaginais obtenir des mines de renseignements, je m'imaginais pouvoir tout visiter, mais je dus vite me rendre à l'évidence : je ne pus même pas retrouver l'entrée des souterrains, me faufiler vers le grand cimetière sous la scène.

Et quand j'en demandai le chemin à Mme de La Calome, elle se prit à me taquiner : « Eh quoi ? Tu veux déjà mourir, petit nigaud ? » Mme Bekedorf, présente, n'eut point le tact de seulement sourire : sa rigolade fit vibrer les pots de maquillage qu'elle portait sur un plateau !

La présence et le rire de Mme Bekedorf me remirent amèrement à l'esprit l'image de sa fille : depuis des mois je n'avais plus revu Valentine. Et mes démons de nouveau me saisirent... Je me dis : Et si, elle, cette Valentine, elle se promenait « dehors » ? et si, elle, elle connaissait les pyramides, le Colisée, la Grande Muraille, les merveilles de l'univers ? Fermant les poings, je me précipitai, par les couloirs, les escaliers, les vestibules, les salles dorées aux longs parquets, les arabesques des somptueux escaliers vers le hall d'entrée, vers la grande porte.

Devant, presque à la toucher, j'hésitai à la pousser. Elle paraissait si lourde, si haute, cette porte, je devais lever la tête pour en admirer le faîte. Elle était agrémentée d'énormes clous d'or, d'argent et de bronze, elle était...

– ... Un monument, oui monstrueux monument ! rugit une voix derrière moi.

Sursautant, je me retournai.

Un gros homme jovial me posait la patte sur l'épaule, me secouait :

– Alors, mon riquiqui tout frisé, mon hérisson, tu veux connaître la vie, me dit-on ?

J'avais toujours cette infirmité de me crisper comme si je combattais des monstres qui voulaient me manger.

– Oui, répondis-je, je veux visiter la Tour de Londres, Sainte-Sophie, les Champs-Élysées...

Son rire fut encore plus violent que celui de Mme Bekedorf, et ce furent les lustres du hall qui se mirent à cliqueter !

– Bah ! Ce n'est point cela, la vie. Balivernes ! Cucuteries pour asperges ! Moi, mon vieux, je vais t'enseigner la vérité !

Sa jovialité était une ombre éclatante qui glissait le long du dallage du hall, s'étendait, inondait l'espace, parvenait plus loin aux majestueuses statues, remontait vers les voûtes grises, s'enfuyait jusqu'aux niches à l'autre bout, où reposaient les dieux de la musique à côté desquels, minuscule à mes yeux dans l'effet de cette large perspective, mon père faisait les cent pas. Et moi, de si loin, je regardais mon père, infime silhouette, et cependant je pouvais discerner sur son visage une sorte de gêne : il ne devait pas trop apprécier que ce gros monsieur tonitruant me triture l'épaule, me flanque des bourrades avec une vulgarité étrangère à ma famille. Mais papa était sans doute obligé, de par sa fonction, de passer par les caprices de ce bonhomme en costume vert et en gilet rouge, qui n'arrêtait pas de trompeter :

– Petit canard, avec moi tu vas voir ce que tu vas voir. Je suis le metteur en scène. Boum ! boum ! Dans quelques jours tu auras sept ans : l'âge où la raison l'emporte sur les méandres de l'innocence. Désormais ce ne seront plus seulement tes paupières qui s'ouvriront, mais également ta boîte cranienne et les machineries de ta cervelle, ça fera un grand crac-crac ! Viens, mon lapin, découvrir les merveilles !

De si loin mes yeux interrogèrent mon père, à l'autre bout du hall. De si loin je sus que mon père, les épaules basses et la bouche à la fois amusée et agacée, me répondait : « Fais ce qu'il t'ordonne, c'est un bruyant mais pas un mauvais bougre, accorde-lui ta confiance du bout des doigts... »

Prudemment j'avançai la main, ce fantaisiste grassouillet s'empara de mon poignet : je fis un petit pas vers la grande porte.

Il me tira de l'autre côté : je crus, alors, que je devais d'abord m'habiller de belle façon, et fis un pas vers le bureau de mon père.

– Inutile, tempêtait ce grossier ouragan, On s'en fiche du costume, c'est vers l'école de la vie que nous courons, hue, dia !

Et, comme si cette information avait soudain une importance capitale, il claironna :

– Je m'appelle monsieur Rodolphe.

Et, le corps secoué de vagues de graisses essoufflées, il m'entraîna vers l'escalier, nous montâmes des marches et des marches, nous trottâmes à grand bruit le long de couloirs et de couloirs, nous franchîmes des salles et des salles, nous croisâmes des galeries et des galeries, jusqu'au moment où il lâcha enfin mon poignet, où je m'arrêtai net devant Valentine : elle était en costume d'ouvreuse, les yeux froids. Ce fut comme si nous ne nous étions jamais vus. Elle ouvrit la minuscule porte, et pour la seconde fois de ma fraîche existence je pénétrai dans la vaste salle de spectacle, m'assis à ma place, au milieu de ces centaines et ces centaines de fauteuils vides...

Et cela dura des années.

Chaque matin, à peine avais-je avalé, surveillé par mon père, mon café au lait et ma tartine de miel, que M. Rodolphe, sans frapper, pénétrait en trombe dans notre appartement :

– Mais c'est qu'il grandit, notre poulain ! Est-ce un grand petit ou un petit grand ? Sa tête grossit, il faudra lui acheter de nouveaux cheveux ! Viens, mon lièvre, mon ratounet, viens admirer les œuvrettes que j'ai façonnées de mes gros bras, claquant les fesses de ces paresseux chanteurs et acteurs ! Allez, petit soldat, nous partons à l'étude, en avant toute, vapeur, pschit ! pschit ! marche ! une ! deux ! une deux !

Mon père, sans rien marquer d'autre sur son visage qu'une approbation polie, gémissait du fond de l'âme. Il me faisait signe d'y aller, autant pour se débarrasser de la présence de cet envahisseur que pour me pousser à poursuivre mon éducation. Immanquablement, chaque matin, M. Rodolphe me frictionnait les cheveux de sa grosse patte, dérangeait ma coiffure, ce qui m'exaspérait. J'eus beau me mettre sur la tête des pots entiers de pommade, il sursautait, dégoûté, essuyait sa paume grasse sur son pantalon, mais ne renonçait point à cette démonstration d'affection.

Ainsi, durant des années, Valentine, mon ouvreuse, me vit avec une tignasse ébouriffée, ce qui me gênait tellement ! Une fois, voulant me légitimer, je lui dis : « Tu sais, je me peigne bien tous les matins, mais... » Elle m'examina, étonnée, je renonçai à lui expliquer, c'était trop compliqué.

Ainsi, chaque jour, Valentine m'installait dans cette salle de spectacle et j'assistai à des représentations dont j'étais l'unique spectateur. Pas un seul jour, je n'osai m'asseoir à une autre place que celle que, dès notre première rencontre, mon ouvreuse m'avait désignée. Le chef d'orchestre me saluait, j'applaudissais, la lumière baissait, le chef levait sa baguette, les violons et les cuivres mêlaient leurs harmonies, le rideau s'écartait...

Et, au long de ces années, je vis le miroir d'une réalité dont j'ignorai toujours la source.

Je vis des décors, des montagnes tendres ou abruptes, vertes ou pelées. Je vis des neiges, des sapins entre lesquels ces demoiselles du corps de ballet dansaient sur des skis. Je vis des champs, gras et pluvieux, entourés de bosquets, semés de fermettes, et sur lesquels des figurants costumés en vaches paissaient, gardés par d'autres figurants habillés en paysans. Je vis des déserts de sable, où des chameaux allaient, tandis que des Arabes au visage noirci chantaient au vent du sud. Je vis des forêts vierges, où des boas brisaient les reins d'explorateurs beuglants.

A la fin de chaque spectacle, les artistes saluaient, et je reconnaissais Mlle Bertin, Mlle Fine, Mlle Ramolin. Et MM. Dumart et Deschaussezts.

Je vis des autoroutes, et des masses de métal nommées automobiles. Je vis des décors d'aéroport, où des avions patiemment attendaient que les fils qui les tenaient se tendent et les soulèvent au son de contrebasse de prétendus moteurs. Je vis des villes turques et carthaginoises, des cités aux coupoles dorées où des boutiquiers vendaient des herbes sauvages. Je vis des villes aux hautes maisons, aux rues encombrées, où des marchands de journaux clamaient de récents assassinats. Je vis des lapins, des chats, des canards et des oiseaux qui fuyaient les faubourgs et les gaz d'échappement soufflés depuis les coulisses. Je vis des danseurs qui faisaient le chien, levant les pattes au son des trombones.

A la fin de chaque spectacle, M. Rodolphe, le formidable metteur en scène, saluait au bord du rideau, et je devais applaudir, lui dire que le monde était beau. Et je pensais tout bas : Oui, c'est beau tout cela, mais où sont les vrais chiens, les vraies villes aux hautes maisons, les vrais Turcs ou Arabes ou Indiens ?

Un soir, du bout des lèvres, j'osai poser cette question à mon père, afin de reprendre cette conversation sur le réel, interrompue depuis si longtemps : son visage devint encore plus triste que ce décor de lac au crépuscule que j'avais admiré la veille, si triste que je baissai la tête, me mordant les lèvres.

– Fais confiance à M. Rodolphe, murmura papa, comme si on le forçait à énoncer un mensonge.

Les mois succédaient aux années, et chaque jour, imperturbable, Valentine me voyait décoiffé et gêné, m'installait dans la salle, unique témoin de ce que M. Rodolphe appelait « le grand spectacle de l'apprentissage des bases élémentaires de la vie ».

Et moi je voyais des bureaux et des ordinateurs, devant lesquels des acteurs couraient de chiffres en chiffres, de dévaluations d'un certain « dollar » en hausses des taux d'intérêt, tandis que M. Benedetto, le fulgurant baryton, chantait avec entrain la *Ballade du spéculateur*. Je voyais des champs de bataille, des guerres à l'arc. Je voyais d'autres guerres avec des avions invisibles et de superbes jets de laser multicolores. J'entendais les tambours et je voyais les morts. J'entendais les cuivres et les flûtes, et je voyais les travailleurs fabriquer des appareils à fabriquer d'autres appareils. Et puis je vis des maisons en ruine, et je vis la misère.

Je vis des enfants qui avaient faim, des femmes qui mendiaient, des hommes qui se battaient pour un bout de pain, des êtres exsangues derrière des barbelés, des soldats qui fusillaient et un petit bébé qui n'arrêtait pas de sangloter au son épouvantable d'un piano : à la fin de cette représentation, mes paumes n'arrivèrent point à applaudir, elles tremblaient. Valentine s'approcha, mit sa main sur mon épaule, me rappela à l'ordre. Je parvins enfin à taper un peu mes doigts. Et cet applaudissement brisé rendit béat M. Rodolphe, si fier d'avoir eu le génie de toucher ma sensibilité.

Et le lendemain, pour mon plaisir et mon éducation, pour mon émotion et ma raison, le spectacle recommença.

Valentine, donc, restait en retrait. Elle n'assistait point à ces représentations, où plutôt y assistait du bout des yeux, près de la porte, voyant et entendant certainement mal. Cette ségrégation m'agaçait, m'empêchait de prêter une attention absolue à mon éducation, à mon émotion. J'aurais, en définitive, préféré qu'elle s'assoie à mes côtés, plutôt que de la savoir debout, loin derrière moi. Car cette situation me posait un épineux problème : pourquoi ne l'éduquait-on point, elle ? N'avait-elle point droit au Savoir ? Ou bien savait-elle déjà ? Ou alors ce Savoir était-il trop élémentaire pour une jeune fille de cinq ans mon aînée ? Ou encore, et surtout, cette question que je ressassais depuis longtemps : Ce qu'on me montrait sur scène serait-il inutile pour elle, qui aurait déjà contemplé « pour de vrai » les choses et les gens dont je ne voyais que le reflet ? Ces points d'interrogation me déchiraient. A moins qu'elle ne fût là que pour me surveiller ? Cette idée m'offusqua tant que, lorsqu'elle traversa mon esprit, je me surpris à me retourner toutes les minutes pour surveiller celle qui serait censée me surveiller. Et soudain, et cela me fit un gros coup, je m'aperçus que mon attirance à me retourner ne venait peut-être pas uniquement de l'agacement créé par son humilité, sa servitude ou sa surveillance : je la regardais parce que j'aimais la regarder, parce que je la trouvais belle, avec sa robe noire, son petit bonnet, sa collerette blanche sur laquelle une broche d'argent représentait un oiseau !

Ce sentiment me choqua, je me pris à m'horripiler moi-même encore plus qu'elle pouvait m'horripiler.

Et ce fut avec un ton infiniment agressif que le lendemain, au lieu de la suivre sans mot dire, tandis qu'elle me plaçait avec sa révérence habituelle, je me tournai vers elle :

– Pourquoi, Valentine, n'es-tu point soumise aux mêmes règles que moi ? Es-tu trop sotte pour être éduquée ?

– C'est toi qui est sot de me poser cette question ! répondit-elle en souriant. Veux-tu vraiment avoir encore mal, en me forçant à te répéter que je suis plus âgée que toi ? Veux-tu avoir encore honte, en me forçant à te rappeler que je ne suis qu'une simple ouvreuse ?

Chapitre quatre

« Je ne suis qu'une simple ouvreuse. » Ces mots, dans ma tête, résonnant, furent pires qu'un crachat. Et M. Rodolphe n'était pas loin, pouvait avoir entendu ! Je faillis lever la main sur elle, Valentine. Elle s'en aperçut, se protégea de son épaule, se retira rapidement... Mais je savais que, dans sa tête, de joie elle devait danser d'un pied sur l'autre, en chantonnant à voix muette ce qui m'apparaissait évident : qu'il me restait beaucoup à apprendre sur la vie.

Désormais je ne me retournerai plus pendant les spectacles, promis. Je ne prêterai plus jamais attention à cette Valentine, juré.

Chaque soir, je regardais le portrait de ma mère, auprès de mon lit.

Et, un soir, je remarquai un détail qui me mit le feu aux joues, et que je fis semblant d'oublier...

Je prenais de l'âge. J'avais eu huit ans, j'eus

neuf ans, j'aurais bientôt dix ans. Chaque mois, sur le mur du couloir qui reliait ma chambre à la cuisine, mon père traçait avec un crayon un trait au-dessus de ma tête. Et quand, avant que je m'endorme, il faisait, avec son violon, vibrer les cordes des souvenirs et des pressentiments, et que ces cordes me rappelaient celles qui, en ce lieu que je n'avais pu retrouver malgré mon obstination, retenaient les cercueils de nos ancêtres et notamment celui de ma mère, quand le visage de mon père perdait sa sécheresse, devenait un parfum doux et subtil, je pensais malgré moi : Bientôt je serai aussi grand que Valentine... Mais, dans la salle de l'opéra, je ne me retournais plus.

Un matin, M. Rodolphe eut l'air d'un coq qui vient de pondre un œuf :

– Garçonnet, fils de notre vénéré concierge, vaillant combattant des arts et de la musique, fini les gammes, fini les œuvrettes didactiques, fini l'apprentissage, nous allons, enfant de l'opéra, aborder enfin les œuvres des Maîtres, des grands explorateurs de l'âme humaine ! Et tu connaîtras non seulement le squelette de la vie, mais aussi sa chair et ses replis, les profondeurs de nos passions les plus terribles, les plus mortelles !

En somme, je passai en classe supérieure.

Pour cette occasion, qu'avec battements de cœur j'enregistrai, M. Rodolphe exigea que je m'habille comme un « vrai spectateur d'opéra ».

Mon père, lui obéissant avec grinçante courtoisie, m'aida à mettre mon premier habit chic : presque un frac de bal pour grande personne ! Et, à cette occasion, les battements de cœur m'emplissant l'être, mon père ouvrit la garde-robe qui m'était destinée. Des smokings, avec des vestes et des pantalons soulignés de soie, y étaient suspendus, les uns à côté des autres, de diverses tailles, de ma taille moyenne actuelle jusqu'à ma future grande taille adulte ! Ainsi, je n'aurais qu'à me conformer à cette évolution qui magnifiait celle des marques de ma croissance tracées sur le mur.

Superbe, l'œillet à la boutonnière, le col dur, la cravate blanche, la pochette immaculée, je gravis en patinant sur mes chaussures rutilantes les escaliers, jusqu'à la salle de spectacle. Je ne jetai point un œil vers Valentine, elle me conduisit à ma place et je la suivis comme si je n'avais jamais remarqué sa présence, je m'installai avec la grâce décontractée des habitués. Lumières. Orchestre. Rideau.

Alors, je connus les œuvres des grands Maîtres.

Je connus l'histoire de ce galant amer qui courtisa mille et trois femmes et qu'une statue blanche entraîna vers la mort. Je connus l'histoire de cette cigarière andalouse pour l'amour de laquelle se brisa un bel officier qui tel un taureau la tua. Je connus l'histoire d'un Noir jaloux, qu'un mouchoir jeta dans le crime. Je connus l'histoire d'une chanteuse qui assista, horrifiée, à la mort de celui qu'elle aimait, fusillé sur l'ordre d'un vilain policier qu'elle venait d'assassiner. Je connus l'histoire d'un dieu borgne et de ses filles casquées et chevauchantes, attendant le héros qui sauverait celle que le feu gardait. Je connus l'histoire de cette Japonaise qui épousa celui dont elle se croyait aimée, et qui se suicida parmi les fleurs. Je connus l'histoire de cette coquette belle et malade, qui mourut dans les bras de celui qu'elle adorait et dont le père avait empêché l'amour.

Je connus la traîtrise et l'irréparable, les transes du destin.

Je connus la tristesse des vies humaines, dont je n'étais que le spectateur. Et j'ignorais toujours ostensiblement Valentine : et c'était encore plus terrible, car je sentais l'envie de la regarder, de me retourner, je sentais cette envie me pénétrer le corps jusqu'à la moelle me bloquer la poitrine... Non, non, je ne devais pas me laisser prendre ! N'était-elle point comme Carmen, Desdémone, Tosca, Violetta, infiniment dangereuse, et mortelle pour le garçon, et mortelle pour elle-même ?

Bientôt je ne pouvais plus respirer.

Partir !

Fuir, non plus seulement pour découvrir un monde extérieur dont les simulacres me dégoûtaient, mais pour échapper à cet univers étouffant des représentations des passions humaines !

Partir : mais c'était quitter mon père... En avais-je le droit ?

Un soir, après une représentation des *Noces de Figaro,* nous mangions des endives, papa et moi, dans la cuisine, et je me dis que nous nous parlions si peu, lui et moi, et des mots, des phrases se mirent à envahir mes lèvres.

Je voulus lui demander : « Suis-je condamné à assister à des spectacles tous les jours de ma vie ? »

Je voulus lui demander : « Est-ce normal que je haïsse tant cette Valentine que j'ai si envie de contempler jusqu'à la fin des temps ? »

Je voulus lui demander : « Pourquoi suis-je traité à part ? Y a-t-il d'autres enfants de mon âge ? Suis-je particulier, unique ? De quoi, de qui veut-on me préserver ? J'aurai bientôt dix ans : est-ce normal que je m'exprime aussi bien, avec une grammaire si châtiée ? Quelquefois dans les couloirs j'entends les expressions qui ne sont point du langage que tu m'as enseigné. Puis-je dire : ça me fait chier » ?

Mon père, il voyait bien que ma bouche se mordait d'exaspération, que ça explosait, que ça n'avait plus de retenue. Il me fit son sourire habituel et composé, qui me rebroussa les poils. Il avait son endive au bout de la fourchette, et l'endive allait, venait. J'entendis son élocution de bique suave :

– Mon petit, tu veux converser. Il faut qu'un enfant converse. Un père peut tout entendre de la bouche de son fils. Va, mon chéri, conversons.

Pour converser, on peut dire que j'ai conversé. J'ai sorti la phrase qui dormait depuis quelque temps tout au fond de moi, la question que je n'aurais jamais dû poser :

– Papa, pourquoi Valentine porte-t-elle la même broche que maman sur son portrait, un oiseau en argent ?

En une seconde, je redevins l'enfant sage et secret que j'avais toujours été. Ah ! si le temps avait pu revenir en arrière. Mais, pour l'heure, mon père ne put que se lever, se rasseoir, faire mine de grignoter son endive refroidie, y renoncer, la laisser retomber en flaque dans l'assiette, se relever, balbutier dans je ne sais quelle tendresse furieuse :

– Mon enfant, il faut que je te dise...

Non ! je ne voulais plus rien entendre, je priai pour qu'on demeure dans ce tacite silence, où les choses importantes ne sont exprimées que du coin des yeux. Entendit-il ma supplique ? L'arrangea-t-elle dans son désir de ne point prolonger une confidence embarrassante ? Nous nous entendîmes fort bien, à ce moment-là, pour noyer le poisson, et, mélangeant ses bras dans une confusion plus ou moins feinte, il dévia la conversation :

– Il faut que je te... que je te décrive mon métier.

Il respira. Je sentis les prémices d'un grand discours. Il fut, en effet, grand, mon père, et discoureur :

– Qu'est-ce qu'un concierge de l'opéra, mon fils ? C'est le confident, la main droite de l'administrateur. Mais il faut savoir que, depuis des générations, l'administrateur reste invisible, son bureau demeure vide. Sans doute par quelque négligence en haut-lieu, on ne l'a pas remplacé depuis des siècles. Non point qu'on nous oublie. Mais ils ont certainement d'autres préoccupations, en haut-lieu, que celle, avouons-le bien secondaire, de l'administration de l'opéra. Ainsi, le concierge est-il, de fait, le responsable de cette maison devant l'éternité, le responsable du bon déroulement de la fiction quotidienne. Son travail consiste, d'abord, à veiller à ce que, chaque jour, se déroule une représentation, un spectacle. Un seul jour sans spectacle serait dramatique pour l'histoire de l'humanité. Il me faut donc m'assurer, chaque matin, qu'une pièce chantée sera jouée. Dès l'aube, cette angoisse me réveille, à peine habillé je cours surveiller si l'ordre du jour est bien inscrit sur le tableau, si les acteurs et les actrices sont vivants, s'ils n'ont point oublié leur rôle et la partition des classiques, si leurs incessantes querelles sont aplanies, si les metteurs en scène les ont fait répéter, si les musiciens sont prêts, si leurs sempiternelles récriminations sont dissipées, si le chef d'orchestre n'a pas bu trop de vin du Rhin. Et telle sera plus tard ta tâche, mon fils. Veiller à ce que les décors, les éclairages, les costumes soient prêts, veiller à ce que les balayeurs et les balayeuses aient bien fait leur travail, veiller à ce que les machinistes soient tous présents, et les mains propres, avant le lever du rideau, et veiller à ce que le rideau se lève à l'heure dite car du retard entraînerait une diminution du prestige de notre ponctualité, et veiller, au cours de chaque représentation, à ce que les figurants ne musardent pas, veiller à ce que le plus infime des chanteurs soit bien pénétré de l'importance de son rôle, veiller à ce que le souffleur souffle, tel est son devoir, veiller à ce que la cantatrice soit sublime et suive la baguette du chef, veiller à ce que les ténors aiment et les basses trahissent, veiller aux saluts, aux rappels, aux applaudissements. Et telle sera plus tard ta tâche, mon fils. Mais les charges d'un concierge ne s'arrêtent pas au seul bon déroulement des spectacles. Il faut s'occuper d'une grande maison, des repas, de la literie, du bon sommeil des artistes, de la distribution des chambres et des appartements, des problèmes de cœur entre divers partenaires, de la répartition des vivres, de l'état des boiseries, des toilettes et d'hygiène, du bon fonctionnement de l'électricité, des peintures, des garde-robes, des naissances et des morts. Et telle sera plus tard ta tâche, mon fils. T'occuper de...

Et durant des heures, il énuméra.

Le lendemain matin, sans réfléchir, avant que M. Rodolphe vienne me chercher, profitant d'une absence prévue de mon père j'empilai dans une vieille valise deux ou trois culottes et deux ou trois chemises, le portrait de ma mère...

Et je suis parti.

Oui, partir : et non plus seulement, donc, pour découvrir les beautés du monde extérieur, et non plus, simplement, pour me délivrer du poids terrible du spectacle des passions humaines, mais d'abord pour fuir ce qui m'attendait, fuir mes responsabilités de futur concierge de l'opéra ! Oui, ce départ, ce mouvement qui emportait mes jambes, il avait maintenant une motivation immédiate, ce n'était plus de la curiosité, la recherche d'un rêve éperdu, c'était une nécessité pour moi vitale !

Et je m'efforçais de ne pas penser que je quittais mon père : sans doute, au fond de ma conscience, savais-je que, en cette fuite que je m'imaginais définitive, je n'irais pas très loin.

Mon idée, c'était qu'il devait bien exister une autre porte que la grande, une autre porte, dissimulée, qui donnait vers dehors, vers... la liberté.

Durant la première journée, j'explorai dans la partie droite, découvrant toujours de nouveaux escaliers, de nouvelles salles. Et moi qui, il y a quelques années, avais eu la prétention de pouvoir visiter les moindres coins et recoins de cette maison ! Je me cachai souvent, avec ma valise, derrière des fauteuils, des statues. À la fin du jour on me chercha. J'aperçus Mme Ribone, qui était sur scène une furieuse Floria Tosca, Mlle de La Grille, sur scène une pathétique Desdémone, et M. Delastre, le maître des ampoules, et notre plombier adjoint, M. Frédéric. Ils m'appelaient. Des groupes se formèrent, MM. Rinale et Bolygny, et le vieux M. Pitogas, et les cuisinières, et Mme Kritarougas, souvent puissante Walkyrie, et les athlètes qui tournaient les treuils des décors, et une multitude de femmes de chambre, dont Mlles Berthe et Romuald, des groupes qui me croisaient sans me voir, des voix qui criaient mon nom avant que le silence ne retombe le long des galeries et des galeries. Je dormis sur un canapé, au fond d'une impasse. Je tentais de ne point penser à mon père.

Le lendemain et le surlendemain je continuai mon exploration. Et ainsi durant des jours et des jours. J'avais dérobé quelque nourriture aux cuisines. Les premiers temps l'effervescence fut à son comble, sans cesse je devais m'accroupir derrière des colonnes, à l'ombre des culs-de-sac ou des croisements de couloirs, sous des escaliers secondaires, sans cesse je devais rebrousser chemin : Mme de La Calome, M. Laglacière, Mme Bekedorf étaient parmi ceux que je voyais passer et repasser le plus souvent, me cherchant, m'appelant. Les ateliers des décorateurs, des costumiers, des perruquiers dépêchaient des émissaires, qui erraient à ma recherche dans les enfilades de salles dorées aux parquets cirés tout en continuant leur travail, assemblant en marchant leurs accessoires, peignant les perruques, recousant les robes chamarrées. Puis les esprits se calmèrent, l'opéra reprit son train-train, et ceux que je voyais passer prêtaient si peu attention à l'environnement que j'aurais pu éviter de me cacher. Un jour, je me dis que je devais avoir dix ans.

Cette fuite dura plusieurs mois : toutes les semaines je renouvelais mes provisions en catimini aux cuisines, et je ne voulais pas penser à la douleur de mon père, à ma propre douleur, à cette envie de gémir qui me prenait le dos, et je ne devais pas penser à ma fatigue, pas penser que j'étais sale, et surtout pas penser que cette fuite n'avait aucun sens, qu'elle n'était qu'une lâcheté.

Je m'attachais uniquement à ce raisonnement : ce qu'on mange, les viandes, les légumes, le pain, tout cela vient bien de quelque part, car à ma connaissance il n'y a pas de bœufs, de vaches, de moutons, de porcs, il n'y a pas de champs cultivés, de champs de haricots ou de blé dans cette bâtisse de pierre, donc il y a une porte, ne serait-ce qu'une seule petite porte, autre que la grande à côté de la loge du concierge, une porte sans doute dérobée, pour faire rentrer les réserves de nourriture, cette porte je veux la découvrir, je ne peux pas ne pas la découvrir.

J'étais épuisé, malade de moi-même, mais je serrais les poings : j'allais. Et mes mains bondissaient d'espoir. Car des portes, j'en rencontrai, des moyennes, des humbles : et à tout instant, je pensais trouver la sortie... Mais chaque porte ouvrait sur un couloir, ou sur une nouvelle salle ! J'étais malade de moi-même, et j'allais, vaillant, jour après jour, et bientôt je compris que je tournais en rond. J'esquissai un plan de mes errances. Plan qui devrait me donner une idée globale de l'architecture de cette maison. Idée que je confrontai avec mes souvenirs et les notes prises lors de mes déplacements antérieurs. Alors je m'aperçus que mes mouvements étaient circulaires, et chaque fois que je croyais pousser mes pas vers les murs extérieurs de cette bâtisse, des couloirs me ramenaient vers le centre qu'occupait la grande salle du spectacle. Si je me fiais aux hautes fenêtres, tentant de suivre les parcours où elles étaient plus nombreuses, mon sentiment de me dégager de cette spirale qui me ramenait vers l'intérieur n'était qu'une fausse impression : je compris bientôt que la plupart de ces fenêtres ne donnaient que sur d'étroites cours, des puits de lumière enserrés par d'autres bâtiments qui participaient de cet ensemble dont, depuis le début de cette tentative désespérée, je savais que je ne sortirais jamais ! Et quand je voulus retrouver le couloir désert et la fameuse fenêtre par laquelle, grâce à un coin moins opaque de sa vitre, j'avais sans doute imaginé, autrefois, admirer un fragment du monde extérieur, un arbre, des feuilles, je vis ce à quoi je m'attendais : le verre de la vitre de cette fenêtre avait été noirci. J'étais désespéré, je ne pouvais plus retenir mes colères, je ne pouvais plus ne point regretter d'avoir quitté, bêtement, oui par lâcheté, mon père. J'étais au bout de l'épuisement, et je revins vers le seul lieu que j'avais évité : le hall immense au bord duquel reposait notre appartement, à côté de la grande porte.

Toujours elle, l'énorme porte !

Elle seule, certainement, conduisait vers cette liberté. Cette liberté, dont le sens m'échappait de plus en plus.

La colossale porte, cette nuit-là, à la lumière des chandeliers qui éclairaient les couloirs de l'opéra et formaient des ombres tremblantes... Je m'approchai d'elle, si haute et pleine d'or, d'argent et de bronze.

Je collai mon visage contre elle : il me sembla alors qu'un souffle frais, qu'un vent, comme celui qui pourrait provenir d'une « mer » dont je ne pouvais que rêver, oui un vent sifflait par ses interstices, un vent frais qui venait de dehors...

Je sursautai, me retournai.

Je me retournai : dans les ombres, devant moi, se tenaient mon père et Valentine.

Valentine avait quinze ans. Et mon père était à ses côtés, comme il avait pu être autrefois aux côtés de ma mère. Ma mère, dont j'avais le portrait dans ma vieille valise, et lors de cette escapade je l'avais regardé souvent, tâchant de retrouver des souvenirs que je ne retrouvais pas, essayant de percer le mystère de la broche...

Mon père eût été seul, je me serais précipité vers lui, implorant un pardon, joyeux de le revoir. Pouvais-je me permettre ce débordement devant Valentine ? Mon père n'aurait point apprécié.

Ils étaient immobiles, dans les ombres, eux deux.

Je me masquai de dignité, les saluai avec une décontraction très étudiée, et je me dirigeai vers notre appartement. J'avais faim.

Valentine s'éclipsa, et nous improvisâmes un dîner, mon père et moi. Comme si rien ne s'était passé, comme si je n'avais fait qu'un voyage prévu et normal, il me raconta qu'il avait mis de nouveaux tableaux dans ma chambre, des portraits de grands compositeurs, Verdi, Mozart, Wagner, Puccini. Il me raconta comment il avait repeint le plafond de la cuisine.

Combien je l'aimais ! Combien j'aimais qu'il ne fasse aucune allusion à cette fuite stupide ! Il me permettait d'être serein, innocent. Je l'examinais avec tendresse et je pensais que, souvent, lors de ces longs mois de solitude à la recherche d'une chimère, je m'étais surpris non point à l'imiter mais à faire spontanément les mêmes gestes que lui, à me pencher, à marcher, à toucher les objets de la même manière que lui... Et cela avait pu m'irriter, un temps, m'emplir de nostalgie, quelquefois, mais surtout me rendre fier d'une filiation dont les traces étaient claires et dont je devais me rendre digne.

En étais-je digne, à ce moment-là, paré de cette neuve dignité qui n'était qu'un masque ?

Et le lendemain, toujours comme si rien ne s'était passé, comme si je n'avais point provoqué tant de remue-ménage, je m'habillai de mon beau smoking à ma taille, et, en compagnie d'un monsieur Rodolphe aussi chaleureux et lourdement aérien qu'auparavant, je me rendis à la salle de spectacle, pour mon opéra quotidien.

Et le temps continua de s'écouler, au rythme des représentations, *Lucia di Lammermoor, La Flûte enchantée, Aïda, Norma, Rigoletto, Parsifal, Boris Godounov, Wozzeck,* le répertoire...

Et à la fin de chaque spectacle, M. Rodolphe se précipitait vers moi :

– Alors ? C'était beau, non ?

– Très beau.

– Vraiment ?

– Très très très beau !

– Et mon idée, dans la chevauchée des Walkyries, ces chevaux ailés d'où s'égoutte du sang qui traversent la scène...

– Merveilleux, sublime !

– Ah ! Vous trouvez ?

– Génial !

Il s'épongeait le front de plaisir.

Et moi aussi, en somme, j'étais joyeux. Cette joie m'étonnait. Était-ce parce que j'avais enfin la certitude d'être en prison jusqu'à la fin de mes jours ? Ou plutôt, provenait-elle d'un changement chez Valentine, d'un changement d'attitude entre Valentine et moi ?

Elle n'avait plus ce visage humble ou distant. Ses joues et ses yeux, et les mouvements de ses cheveux, et le balancement de ses hanches, étaient devenus simples, naturels, et entre nous un souffle passa. Dans un premier temps, avant de me bouleverser, ce souffle m'enchanta.

Elle ne portait plus, sur sa collerette blanche, la broche en forme d'oiseau.

Oui, je devais avoir mûri : un jour, au moment de pénétrer dans la salle de spectacle, transgressant l'ordre respectueux, sur le pas de la porte de velours je pris le bras de mon ouvreuse :

– Bientôt je pourrai voir ton visage sans lever la tête !

– Parce que je serai assise et toi debout ? fit-elle, mutine.

– Parce que j'aurai appris à voler, à m'élever du sol.

– Tu seras un aigle, alors ?

– Attention, je pourrai t'enlever.

– Je devrai me poser des boulets aux pieds, alors ? souriait-elle, coquine.

– J'aurai la force de te faire connaître le haut du ciel !

– Tu as un petit truc, là... chuchota-t-elle, changeant de ton.

– Où ça ?

– Là, sur ta chemise.

– Là ?

– Oui, je vais le gratter, une poussière...

Elle se penchait, je connus son odeur, et le souffle qui passait entre nous devint brûlant, elle s'approchait, et son doigt toucha ma chemise, ma peau eut un frisson, son ongle, doucement, grattait, m'effleurait d'une tendresse, si vite perdue, déjà elle s'éloignait, se relevait.

Elle s'éloignait, mais restait là, devant moi, attentive...

Avais-je vraiment mûri ? Mais non, ce ne fut point pour me vanter, non, pas pour me vanter que je cassai ce silence, ce fut pour partager un rêve que je lui dis, d'un ton si sincère :

– J'ai pu sortir.

– Oui, je sais, fit-elle.

Et non point pour se moquer, du moins je pense, mais pour continuer ce rêve, l'embellir.

– Comment le sais-tu ? Pourquoi me crois-tu ?

– Pourquoi douterais-je de ce que tu me racontes ? Et qu'as-tu fait ?

– J'ai marché, j'ai couru, j'ai visité les pays.

– Tu as vu les grandes villes, et la neige, et les montagnes, et les déserts, tu as rencontré les hommes qui mangent les épices du sud ?

– Un jour, nous sortirons ensemble...

– Tu ne veux pas me raconter davantage ?

– C'est tellement difficile à décrire.

– Tu ne peux pas trouver les mots ?

– Il n'y a pas de mots.

– Et tu ne peux pas chanter ?

– Et toi, connais-tu le chant ?

– Un peu, mais maman me répète que ma voix n'est pas belle.

– Je voudrais que mon père m'apprenne le violon.

– Accompagné par ton violon, je pourrais peut-être chanter d'une voix belle.

– Je suis sûr que, même sans mon violon, ta voix sera belle !

Notre dialogue divaguait, les phrases nous guidaient comme des courants, nous étions à mille lieues de l'opéra, c'était une promenade, rien que pour le plaisir de faire durer un instant de paroles.

C'était inconcevable !

L'incongruité de notre conduite nous sauta vite aux yeux, ensemble nous réagîmes, rougîmes : nous retardions l'exécution de l'opéra ! Qu'allait dire M. Rodolphe ? Le front soudain moite, je jetai un regard vers la fosse d'orchestre et le rideau : baguette à la main, le chef attendait. Mais il n'attendait pas les sourcils sévères, au contraire : mollement appuyé sur la rambarde, nous lançant des coups d'œil sympathiques et amusés, il prenait délicatement son mal en patience, les musiciens de l'orchestre bavardaient entre eux, tranquilles. Et, de l'autre côté, dans les vestibules circulaires qui menaient à la salle de spectacle dont nous demeurions sur le pas de la porte, j'entrevis les silhouettes de Mme de La Calome, de M. Lemercier, de M. Gardonne, de Mlle de La Grille qui nous épiaient gentiment, qui se retiraient sur la pointe des pieds, riant sous cape...

Et mon père, le soir, qui me fit, la bouche gourmande :

– Il paraît que le spectacle a commencé en retard à cause d'un problème d'éclairage ?

– Une simple ampoule à changer, répondis-je avec une élégance qui m'émerveilla.

J'étais un vrai jeune homme, qui jouait avec les nuances et le tact !

Après dîner, avant que mon père ne me joue du violon, je tournai en rond dans ma chambre. Il fallait absolument que, pour mieux nouer ces relations complices avec mon ouvreuse, ma copine, ma Valentine, je lui offre un cadeau. Le tableau représentant Guiseppe Verdi me fixait avec insistance.

Quelques jours plus tard, revenant du spectacle, je trouvai mon père dans ma chambre, contemplant les murs vides : tous les nouveaux tableaux, qu'il avait accrochés avec amour, étaient partis !

– Ils ne te plaisaient pas ?

– Ils me plaisaient trop, papa.

Ah ! quelle délicatesse ! Vraiment j'étais aussi beau qu'un ténor d'opéra.

Valentine avait accueilli ces dons les mains émues, ses doigts avaient frôlé les tableaux offerts, et nos souffles avaient été encore plus proches.

Pour ne point déranger les horaires, faire attendre les chanteurs et accroître le trac des cantatrices, c'est après les spectacles quotidiens que nous passions, désormais, quelques divins moments ensemble, Valentine et moi.

– Raconte-moi encore, me demandait-elle.

– Bientôt je t'indiquerai où est la porte secrète, et nous sortirons tous deux.

– Te rappelles-tu, autrefois, quand tu étais petit, tu m'avais parlé des arbres, de leur odeur, et des feuilles, et des écorces, et moi qui ne connais encore aujourd'hui que les décors, peut-être qu'alors je ne t'avais pas cru. Raconte-moi mieux, et davantage, je t'en prie.

– C'est pas seulement les arbres, mais aussi les animaux, et les trains, les avions. Sais-tu que les vrais avions n'ont pas besoin de fils pour voler.

– Et comment font-ils pour ne pas s'écraser ?

– Quelquefois ils s'écrasent.

– Et alors ?

– Et alors on les répare.

– Et les gens qui sont dedans ?

– On les... on les répare aussi, hésitai-je.

– Ils ne meurent jamais ?

– De toute manière, repris-je pour éluder la question, ce n'est pas tant ce qu'on voit dehors qui est important, mais le simple acte de sortir d'ici, de ne plus voir ces murs, ces couloirs, ces statues, ces velours, et les mêmes personnes sur les mêmes escaliers ! Ah, Valentine, respirer !

– Oui, bien sûr. Mais raconte-moi mieux, et davantage, je t'en prie.

Combien de mois, d'années, de siècles passèrent ? Je grandissais de bonheur, pour ces quotidiennes retrouvailles avec Valentine, pour ces discussions où les phrases étaient comme des musiques, pour le plaisir inouï d'une main frôlée... Je grandissais de joie, mes bras s'enfuyaient, je me surprenais à courir sans but, mes pieds sautillaient tout seuls, et mon cœur, souvent, battait trop fort.

Sans cesse, lors des spectacles, je me retournais : et, maintenant, elle me faisait des signes, comme des messages dont nous ignorions le sens profond mais que nos bouches connaissaient.

Ce bonheur, cette gesticulation m'empêchaient de me rendre compte de ce que j'enregistrais cependant dans un coin de mon esprit : que le répertoire de l'Opéra dont mon père était concierge ne comportait que quatre-vingt-dix-sept pièces. C'est-à-dire : quatre-vingt-dix-sept jours. Ensuite, on recommençait.

J'eus onze ans.

Hélas, au bout d'un certain temps, il me fut impossible de ne point me rendre compte que je venais d'applaudir *Carmen* pour la huitième fois et que, papa passe-moi l'expression, « ça me sortait par les oreilles ! » Mon innocente complicité avec Valentine n'y changea rien : l'idée d'arriver à sortir de ce labyrinthe de murs et d'escaliers, de couloirs et de vestibules, l'idée de fuir, de respirer ailleurs reprit possession de ma vie. Et, avec ma neuve amie, ma copine, devenu lucide je ne dissimulais plus :

– Valentine, dis-je un soir, je n'ai jamais connu l'air du dehors.

– Tu n'es jamais sorti d'ici ?

– Non. Et tu le savais bien. Et tu le sais très bien.

– Oui. Oui, je le savais. Je le sais.

– Alors, pourquoi m'as-tu laissé te mentir ? Pourquoi n'y avait-il plus d'ironie dans ta voix, comme lorsque je te parlais d'arbres quand j'étais petit ?

– Parce que tu ne me racontais plus cela pour m'épater, mais pour partager avec moi.

– Je te mentais, Valentine. Et c'est odieux.

– Non, c'était un beau rêve. Et je te remercie.

– De quoi ? De ce mensonge ?

– D'avoir tenté de me faire croire qu'on pouvait sortir d'ici.

– Tu n'y croyais pas.

– Non, mais qu'importe. Quelquefois je m'imaginais y croire.

– Nous sommes dans une prison.

– Jamais personne n'est sorti de l'opéra. On y naît, on y rêve, on y meurt.

– Pourtant un monde existe, à l'extérieur de notre maison, j'en suis sûr.

– Oui, les chiens, les oiseaux, et la vraie mer, et les vraies montagnes, et l'herbe vraie, et la neige...

– Valentine, tentons de partir, nous deux.

– C'est inutile, impossible. Ce ne sont que des songes d'enfants.

– Sommes-nous trop grands, maintenant ?

– Tu as onze ans, j'ai seize ans. Nous avons tant d'années à vivre. Ici. Dans ces murs. Hier, l'enfant de M. Jourfin, le huitième machiniste, et de Mme Stygert, l'aide-coiffeuse, est né. Quand il sera adulte on lui trouvera une fonction. S'il est doué, il sera peut-être chanteur. Ou musicien. Mais, comme nous, comme toi, comme moi, il ne sortira jamais d'ici !

Elle me caressa la joue.

Je passai la nuit en colère, me tournant et me retournant dans mon lit : Valentine, je veux sortir, aide-moi !

Le lendemain, après avoir subi la neuvième représentation de *L'Or du Rhin,* nous demeurâmes, Valentine et moi, silencieux. Brusquement, elle mit sa bouche contre mon oreille :

– Peut-être que tous ceux qui, comme toi, ont voulu s'enfuir, commettent une erreur : ce n'est point en cherchant une issue vers l'extérieur qu'on y arrivera, mais au contraire en plongeant au cœur de cette prison. Oui, c'est certainement par le dedans qu'on peut atteindre l'extérieur. Je veux dire : en montant sur scène !

Chapitre six

– Monter sur scène, Valentine ?

– Certains acteurs, certaines cantatrices ont pu me parler de la liberté qu'ils éprouvaient sur le plateau. M. Gribot, le baryton-basse, a employé devant moi le mot « évasion »...

– S'évader ! Mais, Valentine, ni toi ni moi, nous ne serons acteurs.

– La mère de ta mère fut une grande contralto.

– Je ne suis qu'un futur concierge, Valentine.

– Et moi, j'ai bien peur de rester ouvreuse toute ma vie.

Sur ces pénibles constats, nous nous séparâmes ce soir-là.

Et je repensais à cette évasion, que l'on vivrait sur scène. Je ne saisissais pas bien : pour moi, ce n'était point de manière symbolique que l'on devait sortir de ces irrespirables murs, de ces ateliers infernaux, il fallait « vraiment » humer un vent venu d'horizons sans barrières. La proposition de Valentine m'apparut un pis-aller.

On n'en reparla plus. Mais nous manquâmes, alors, de sujets de conversation. Nous restions sans rien dire, habités d'un mythe et d'un regret.

Et le temps tournait en rond, comme l'architecture de cette maison.

Et chaque matin je m'habillais, et M. Rodolphe venait me chercher, et j'étais censé jouir d'un spectacle... Des spectacles, dont je prévoyais à l'avance chaque note, chaque détail de la mise en scène. Et quand M. Rodolphe innovait, comme j'avais fait le tour du bonhomme, également je devinais à l'avance les minuscules changements dans les gesticulations des acteurs.

Ce fut contre mon père que, d'abord, je m'insurgeai.

Mais, comme à l'ordinaire, je le fis de façon muette. Un soir, alors que nous mangions des poireaux, brusquement je me levai et, la bouche fermée, rien qu'avec le blanc de l'œil, je lui exposai en silence :

« C'est évident maintenant pour moi que les seuls arbres que je verrai seront de carton, que les seuls oiseaux que je verrai seront de peluche. Je pourrais te gronder, pour n'avoir pas été clair, pour avoir détourné nos rares conversations sur les subtilités du mot « réel », pour ne m'avoir jamais mis les points sur les *i*. Tu pourrais me répliquer que moi je ne pose jamais les questions clairement, que les mots, entre nous, restent dans nos bouches, et la preuve, là, à cette seconde, je te parle rien qu'avec le regard. Cependant, tu devrais m'entendre sans phrase, tu devrais pouvoir me répondre avant que je pose une question, sinon à quoi ça sert que je sois ton fils ? Mais qu'importe, même si ce mutisme demeure pour toujours une plaie entre nous, je sais que je ne connaîtrai jamais l'air pur. Ce qui m'importe, c'est cette grogne qui monte en moi, et que je te livre, sans maquillage : père, ça suffit ! Qu'au moins ma prison ne soit pas monotone ! Vais-je toute ma misérable vie assister aux mêmes spectacles ? Laisse-moi, je t'en prie, cet arrière-goût de la liberté qu'est le sentiment du changement. Exige des créations originales de la part de ce suant M. Rodolphe que tu détestes autant que moi. N'es-tu point, en définitive, le capitaine de ce bateau au milieu des brumes ? Père, au secours, si notre monde n'est qu'un camp cerné de barbelés, qu'au moins mes illusions soient variées ! »

Ainsi parlais-je, sans ouvrir la bouche. Aujourd'hui j'en doute, mais à l'époque j'étais persuadé que mon père était attentif au moindre sens de mes silences. Et je crus que c'était avec le discret humour des sous-entendus, que, ayant perçu parfaitement la voix du blanc de mon œil, il me répondit en ondulant tel un serpent :

– Tu as raison, mon enfant, ces poireaux manquent de sel.

Quelques jours plus tard, ce fut devant M. Rodolphe que je m'insurgeai.

Je le fis de façon forte et sonore. Jamais je n'aurais pensé que mon coffre contînt tant de puissance, et mon vocabulaire autant de virtuosité.

– Monsieur Rodolphe, trépignai-je, votre attitude est inadmissible. N'avez-vous point dans votre répertoire d'autres pièces chantantes que celles que vous me ressassez, et dont le nombre ne tient même pas une année. Connaissez-vous l'exigence des spectateurs ? Il n'est pas étonnant que, moi, un enfant, je sois votre seul public. Mais je grandis, monsieur Rodolphe, et ma mémoire grandit à la mesure de ma boîte crânienne. Chaque jour, pénétrant dans la salle de spectacle, je sens que je vais m'ennuyer. J'en ai assez de bâiller, sachant bien que, tel en un cercle infini, dans quatre-ving-dix-sept jours je reverrai l'opéra que je vois en ce moment. Et ne prenez point comme alibi qu'il paraît que, dans ce que des rêveurs nomment le réel, les saisons sont cycliques. Nous sommes ici dans le monde des semblants, et comme je le disais récemment à mon père, les illusions doivent être variées. J'en ai assez de la *Khovantchina,* j'en ai assez de

La Force du destin, j'en ai assez du *Chevalier à la rose,* j'en ai assez d'*Eugène Onéguine.*

– Mais..., gémissait-il.

– Taisez-vous, monsieur Rodolphe. J'en ai assez de *La Fiancée du Far-West,* j'en ai assez de *Werther,* j'en ai assez de *Faust.* N'avez-vous pas, dans le personnel sans fin de cet opéra sans fin, un prisonnier comme nous qui soit compositeur, qui puisse créer des harmonies que mes oreilles ne ruminent point, et un autre prisonnier-librettiste, capable de bâtir une histoire et des répliques que mes oreilles ne remâchent déjà ?

– Mais... mais..., béait-il en perdant ses rondeurs, se traînant aux pieds de cet enfant que j'étais toujours, épongeant des sueurs qui n'étaient plus d'entrain mais de panique, déboutonnant son gilet tomate pour mieux souffler... Mais nous sommes justement en train de répéter un opéra nouveau, qui vous sera représenté dans quelque temps, votre père ne vous a point mis au courant ?

– Mon père et moi, nous nous entretenons de questions plus fondamentales que d'horaires de répétitions, répliquai-je, sentant comme une épée nue me passer sous la gorge, ne pouvant plus ignorer que mon père me cachait l'essentiel.

– Oui, oui, oui ! sautait M. Rodolphe, se redressant et suant de nouveau avec entrain, un opéra gigantesque, soixante-cinq mille heures de travail, des centaines de figurants, tous nos artistes présents sur scène : basses, barytons, ténors, soprani, mezzo-soprani, contralti, et *tutti quanti,* l'orchestre au grand complet, vingt-six tambours en supplément, une œuvre fleuve, d'une durée inhabituelle, s'étendant sur plusieurs nuits et jours, deux cent dix décors, quatre-vingt-douze tableaux, je ne sais plus combien d'actes, entractes et sandwichs à volonté, le sommet de ma carrière, une histoire inouïe, des péripéties à se mordre le... la chemise, des rebondissements à tuer les cardiaques, des scènes de comédie, de tragédie, des arias, des récitatifs, du burlesque et de la métaphysique, des pleurs et de la philosophie, trente ans que j'y travaille, une mise en scène millimétrée semée d'improvisations !

– Eh bien, ai-je conclu, souhaitons que cet opéra moderne soit réussi, sinon je vous fais renvoyer.

Et je le plantai là. Ma dernière phrase était idiote : peut-on renvoyer quelqu'un d'un lieu d'où on ne peut sortir ?

Idiote, mais significative. Significative de cette impossibilité qui restait mon obsession : partir. Toujours, comme l'enchaînement répétitif des opéras : je voulais fuir. Quitter ce père dissimulateur auquel, pourtant, j'étais si attaché.

Sortir ! Et dans mon esprit, tournait cette énigme énoncée par Valentine : s'évader par le « dedans », s'évader par la scène... Cette solution me paraissait désastreuse, mais fut-ce parce que je souhaitais en tester l'efficacité, que je poussai cette chère Valentine à expérimenter cette idée dont elle était sinon l'inventrice du moins la colportrice ?

– Toi, tu pourrais être actrice, lui affirmai-je un jour que je sortais d'une représentation de *Don Carlos* auquel j'assistais pour la je-ne-sais-combien de fois... Au fait quel âge avais-je ? Toujours onze ou déjà douze ans ?

– Moi ? s'étonna-t-elle.

– Autrefois, tu sus feindre de me croire, tu sus parfaitement jouer la comédie !

– Tu ne vas pas me le reprocher. Ne feins-tu jamais, toi ?

– Moins bien que toi. Et je t'admire.

– Ne m'admire pas trop, je vais rougir, et quand je rougis je deviens laide, plaisantait-elle.

Autour de nous, le long d'une enfilade de vestibules et de longues salles dorées aux parquets cirés, mille et un figurants s'exerçaient à défiler en brandissant des lances, sous la direction onctueuse et énervée de M. Rodolphe. Certains glissaient, se faisaient gronder.

Le lendemain, dès la sortie du spectacle, encore *Don Juan* ! je courus les vestibules, les escaliers en colimaçon, les escaliers en spirale, les couloirs circulaires, je courus vers les ateliers des costumes.

– Madame de La Calome, madame de La Calome, m'essouflai-je, prêtez-moi un costume de reine !

– De reine ? Du XVIe, du XVIIe ou du XVIIIe siècle ?

– Une reine de nos jours, fis-je, hâtif.

Un éclat de bonne humeur jaillit parmi les couseuses et les couseurs ! Ils étaient des centaines, sur des établis, devant les machines à coudre, et cela faisait des centaines de gloussements.

– Il n'y pas de reine de nos jours ! disait Mme de La Calome.

– Prêtez-moi la plus belle robe.

– Ton père t'a-t-il donné la permission ?

– Plus tard je serai concierge, vous le savez bien, madame de La Calome.

Une lourde robe pleine de fourrures marquées d'étoiles au bout de mes bras crispés je courus, les escaliers, les couloirs, les vestibules, les salles, je courus vers Valentine. Sur les parquets cirés mille et un figurants s'exerçaient toujours à défiler en brandissant des lances, sous la direction énervée et onctueuse de M. Rodolphe, certains glissaient, se faisaient gronder, et moi brandissant la robe de reine aussi je glissai, m'étalai mais ne me fis point gronder par Valentine :

– C'est quoi ça ?

– Une robe.

– Mais pourquoi ?

– Une robe de reine.
– Oui, mais pour qui ?
– Pour toi !
– Que ferai-je...
– Actrice, jouer, te parer, la comédie, la tragédie, le théâtre... énumérai-je le souffle court.
– Me costumer ?
– Oui, oui, oui !
– Ici ?
– Il n'y a pas d'ailleurs, fis-je me croyant malin pour mon âge.

J'ignorais si l'« inconscient » existait. Je connaissais le mot, et je connaissais beaucoup de mots dont le sens m'échappait, forcément, mon père ne s'étant jamais donné la peine de m'en expliquer le contenu. J'ignorais, donc, ce qu'était l'inconscient, cependant je puis affirmer que jamais à l'époque il ne me serait venu à la conscience d'offrir cette robe de reine à Valentine afin qu'elle se déshabille devant moi avant de l'enfiler. Toutefois elle dut pressentir cette intention, car c'est avec pudeur qu'elle ouvrit une porte intérieure qui servit de paravent. Et moi, malin naïf, je le subodore aujourd'hui, ce fut avec grand émerveillement que je ne détournai point galamment la tête.

Et ce fut avec un très grand émerveillement que je la vis s'avançer, reine de l'opéra, reine des airs suaves, des airs tragiques, reine des morts et des amours.

– Oh ! Valentine, tu n'es point seulement

habillée en reine, tu es véritablement reine, le costume est entré dans ton sang, qui est royal !

– Mais toutes les reines sont, paraît-il, mortes...

– Mais non, Valentine ! Oh ! mon amie ! ordonne.

– Ordonner quoi ?

– Tu es une actrice, joue la comédie, sois la cantatrice inouïe qui s'évade sur scène, et dont le chant rejoint l'air pur de l'extérieur de cette prison !

Elle prit sa respiration, se mit à chanter. Très faux :

– Gaaaaarde, arrêêêêtez, reeeeepos !

Les mille et un figurants qui s'exerçaient à défiler obéirent, lâchèrent leurs lances, relâchèrent leur tension, certains s'écroulèrent de fatigue.

– Quoi ? quoi ? quoi ? Reprenez ! reprenez ! reprenez ! s'égosillait M. Rodolphe.

Et moi je me précipitai vers ma reine :

– Tu es une chanteuse admirable ! Vois l'effet ! Une cantatrice du dieu de dieu !

– Tu crois ?

– Je ne crois pas : j'en suis sûr. Oh ! ma Valentine, ma merveille ! délirai-je en me jetant à ses pieds tandis que le ventre de M. Rodolphe tressautait :

– C'est pas l'heure de la pause, reprenez, bande de saucissons !

Je courus. Je courais partout. Mes jambes couraient. J'embrassais mon père. Je lui disais :

– Papa je t'adore, tu as tort d'écrire sur ton journal « le train-train merveilleux », car le merveilleux n'est point ordinaire, je suis si heureux, papa, il faut que tu m'apprennes à jouer du violon aussi bien que toi, je file, je suis pressé...

Et mon père tourbillonnait, ahuri, et je tourbillonnais, fiévreux, et je courais à l'atelier de Mme de La Calome, et je revenais avec un nouveau costume, et je glissais, m'étalais, et Valentine se cachait derrière une porte pour s'habiller, et je lui disais :

– Tu es épatante en bergère ! Oui, garde tes moutons ! Tu fais le geste parfait. Il n'y a pas de moutons, mais grâce au mouvement de ton bâton tu nous permets de voir des moutons !

Je courais, et les jours, et les mois, et je lui disais :

– Oh ! Valentine, quelle extraordinaire soubrette tu es ! Tu t'inclines avec jeunesse et pied-de-nez, tu intrigueras jusqu'au juste mariage de ta belle maîtresse ! Valentine, je suis ton metteur en scène, je t'apprendrai la vie, c'est-à-dire les rôles, actrice tu seras et plus jamais ouvreuse ! Valentine, même si nous sommes prisonniers des spectacles, nous irons jusqu'au bout du monde ! Je veux dire : toi, tu iras jusqu'au bout du monde car sur la scène tu monteras, tu connaîtras cette liberté des acteurs, cette liberté que tu évoquais devant moi il y a des mois ou des années, Valentine, Valentine...

– Oh ! toi, l'être qui m'est le plus cher au monde, celui devant qui j'ai pu feindre pour notre bonheur, oui notre bonheur à nous deux, toi, toi, viens, viens... s'attendrissait-elle, m'embrassant sur la joue.

Et tout mon cœur fut ma joue, et tout mon corps fut ma joue.

– Papa, papa, merci de m'avoir donné la vie, je te pardonne ton silence, je nous pardonne nos silences, j'ai les bras plus longs que mes bras, j'ai les jambes plus longues que mes jambes, merci, merci !

Et mon père tourbillonnait, et je tourbillonnais, et le soir, à l'heure du violon, je tapais des pieds, le plaisir de la musique de l'archet était décuplé, je n'arrivais plus à m'endormir, un nouveau matin je courus...

Et une main attrapa mon épaule, mes jambes continuèrent à galoper en l'air, puis se reposèrent.

C'était M. Rodolphe.

Je savais de moins en moins l'âge que j'avais. Certainement M. Rodolphe et mon père le savaient. M. Rodolphe avait un habit tout rouge.

Il ne suait presque pas. Il se tenait droit. Mais ses joues et ses estomacs étaient flasques, fatigués. Il m'accrochait toujours l'épaule, et mon père, une ombre attentive, tournait autour de nous. Et M. Rodolphe me dit :

– Mets ton smoking de l'âge de treize ans,

grand hanneton. Ton papa et moi, nous nous étonnons que depuis tant de mois tu ne t'irrites plus de la monotonie de nos spectacles. Sans doute ton esprit s'est-il éparpillé vers d'autres occupations, petit polisson. Mais si jamais t'inquiète encore le cercle répétitif des joies intellectuelles de notre maison, je te rassure : aujourd'hui tu auras des émotions particulières. Aujourd'hui c'est la « première » de ma nouvelle mise en scène, de la nouvelle pièce chantante que la direction d'un grand opéra t'offre ! Pour ton éducation et pour l'enchantement de ceux qui naîtront après toi ! Gloire immortelle de nos aïeux ! Tambours et trompettes ! Cuivres et haubois ! Symphonies et suspenses !

Chapitre sept

Une « première » ! Ce jour tant attendu que, bêtement, je n'attendais plus ! Ma mère n'aura pas connu cette effervescence... Fébrile, je mis mon smoking de l'âge de treize ans.

Fébrile, M. Rodolphe l'était autant que moi :

– Tout est prêt. Mais tout était-il vraiment prêt ? Tout sera poignant, tu verras. Mais tout sera-t-il vraiment poignant ? C'est le plus grand opéra du monde. Est-ce le plus grand opéra du monde ? Tu es privilégié, ma carrière repose sur ton jugement, ton plaisir. Prendras-tu du plaisir, ton jugement est-il assez sûr pour évaluer cette création, ma carrière dépend-elle de toi ?

La grande maison était absolument vide : certainement, tout le monde se trouvait à son poste, les acteurs, les chanteurs, les premiers rôles, les seconds rôles, les figurants, les costumiers, les décorateurs, le chœur, les machinistes, les techniciens, les assistants, les pousseurs en scène, les musiciens, les éclairagistes, les perruquiers, les retoucheurs, les maîtres de chants, les répétiteurs, les souffleurs côté cour, les souffleurs côté jardin, le souffleur du trou.

Et M. Rodolphe avait disparu, et mon père disparut aussi : seul, dans un silence que redoublait l'écho de mes pas, je montai les marches, longeai les vestibules et les couloirs, inquiet de cette attente qui me donnait des démangeaisons au bout des doigts.

Enfin, devant la minuscule porte que j'empruntais pour pénétrer dans la salle de spectacle, je vis Valentine, me précipitai, mille mots à la bouche.

D'un doigt sur les lèvres, elle me fit taire.

Ce n'était plus tout à fait la même Valentine. De ses yeux si beaux, mais ce jour-là davantage sérieux, elle me fit comprendre qu'il fallait que je me conduise en grand garçon. Je m'aperçus alors de ce qui m'avait échappé durant ces mois de folies câlines : j'étais presque aussi grand qu'elle, ma voix devait lentement muer. J'eus la bouche vide de salive.

La grande salle de spectacle était pleine de fleurs. Mon cœur battait au-delà de mon cœur. Je m'assis à ma place. Me retournai : j'aurais tant voulu que Valentine s'asseye à mes côtés... Elle se tenait là-bas, dans l'ombre, auprès de la petite porte, retrouvant cette agaçante humilité à laquelle elle avait échappé depuis des mois. Ses yeux fixaient le grand rideau rouge, par-dessus ma tête. Je me détournai, la lumière baissa, j'applaudis le chef d'orchestre et sa baguette retomba.

Ce fut une musique inconnue. Naissaient des harmonies qui m'emportèrent comme de l'écume, le rideau s'ouvrit : un bateau en pleine mer.

Une femme chantait, je reconnaissais Mme Kritarougas, la mélodie était heurtée, tranchée de tambours, une tempête approchait.

Elle chantait, cette jeune femme en robe violette interprétée par la grande Kritarougas, et je tentais de saisir les paroles : elle s'appelait Olympe de Clinemoure, aimait un jeune homme pauvre nommé Germain. Hélas ! un riche armateur, Gustave de Miremoulin, l'avait forcée à l'épouser, et comme son père était ruiné elle avait été obligée d'accepter. Ils se rendaient, Gustave et elle, sur l'île de Masilia, pour leur nuit de noces. Elle espérait que celui qu'elle aimait, ce Germain, qui s'était allié avec les barbares Hermophiliens, vienne la délivrer, empêcher la consommation de son mariage. Mais ce qui approchait, ce n'était point le bateau attendu des barbares et de Germain, c'était la tempête... Les tambours se firent plus bruyants, la salle obscure tremblait.

Sur scène les fausses vagues, réalisées par des machinistes roulant sous une bâche verte, se soulevaient de plus en plus haut, et tanguait le bateau, les mâts craquaient, le fracas devint épouvantable. Des éclairs, fabriqués par les éclairagistes, tonnaient, et je mis un bout de temps avant de me rendre compte que Valentine avait profité du tohu-bohu pour s'approcher de moi, me parler à l'oreille :

– Tu sais, je ne peux pas être actrice, moi. Mais toi, oui. Si ton destin est de devenir, plus tard, concierge de l'opéra, t'essayer à l'art du comédien ne t'est pas interdit. Je pense même qu'il est recommandé aux futurs concierges d'être montés sur scène, d'avoir joué la tragédie durant leur adolescence. Tu es si gentil, tu as voulu me faire croire que je pouvais être une grande chanteuse, je te remercie de ce nouveau rêve, de cet enchantement, mais tu te doutes bien qu'il m'est impossible de le concrétiser. Non, n'insiste pas, je connais ta tendresse, je l'apprécie, mais nous ne sommes plus dans notre intimité, nous sommes en public aujourd'hui. Et à toi seul, on n'interdira pas de tenter l'impensable, ce désir sur lequel nous avons dansé depuis des mois et des mois : nous évader par la scène ! C'est à toi, mon bel ami, de réaliser ce songe. Non, ne refuse pas. Va. Fais-le pour moi ! Ne me force pas à continuer à te parler, je ne suis qu'ouvreuse, je n'aurais pas dû m'écarter de la place qui m'est assignée. Va, toi, évade-toi, respire le vent du large, et après tu me raconteras, et je saurais, alors, que tu m'auras dit la vérité. Non, ne tarde plus. N'hésite pas, ne trahis pas ma confiance, ne m'oblige pas à demeurer à tes côtés, à me répéter, va, monte sur scène.

Elle recula vite. Durant les propos de Valentine, qui, on le devine, m'avaient rempli de regrets, de craintes, d'hésitations mais aussi d'envie, durant ce long discours auquel, l'âme exhortée et brisée, je ne pouvais qu'adhérer, la suite des événements de la pièce chantée m'avait un peu échappé : le bateau avait dû faire naufrage, et on se retrouvait sur une île déserte. Gustave de Mirmoulin, le vieux vilain joué par M. Lange, qui avait obligé Olympe à l'épouser, était mort. Son corps reposait sur la grève. Germain, qu'Olympe aimait en secret mais qui n'était point de sa condition, était enfin arrivé et se trouvait aux côtés de son aimée. Cependant, ce Germain, interprété par le ténor M. Labîme, fut soudain capturé par les barbares Hermophiliens, avec qui il s'était lié mais qui venaient, manifestement, de le trahir. Pourquoi ? Et Olympe de Clinemoure, l'opulente Kritarougas, seule et abandonnée, se lamentait en un aria mélancolique et longuet.

Est-ce pour rattraper le fil d'une intrigue que je ne maîtrisais plus ? Est-ce à cause de cet aria interminable ? Est-ce parce qu'une force incontrôlable me tenait ? Ou plutôt, et plus simplement, parce que je ne pouvais plus ne pas obéir aux douces injonctions de Valentine ? Et puis, il y eut ce désir, qu'elle avait fait encore renaître : bref, je me suis retrouvé sur scène...

Je me vis agir, sans bien saisir que c'était moi qui agissais. Je me vis me lever brusquement, m'accrocher aux arabesques dorées des balcons latéraux, franchir les feux de la rampe, je me vis monter sur le plateau, aveuglé d'une lumière qui parut me brûler tout entier, tourbillonnant dans les astres.

A cet instant, j'aurais dû revenir en arrière, échapper à l'emprise qui m'emportait, mais j'étais bien trop inondé de flammes, et bien trop surpris par mon audace.

Étrangement, mon intrusion dans ce spectacle ne sembla intriguer personne : comme si ma participation au théâtre était prévue, comme si mon geste était attendu, dans l'ordre nécessaire au déroulement des actes !

Car c'est avec un naturel inouï que la Kritarougas, je veux dire Olympe de Clinemoure, finissant enfin son aria, s'adressa à moi, me remerciant d'être descendu du cosmos afin de la sauver du malheur. Et elle s'en remettait à mes initiatives pour la suite des événements. La musique devint martiale et m'entraîna comme les mots de Valentine m'avaient entraîné... Que faire ?

Tandis que ma cervelle se posait ce délicat problème et songeait que de nombreux éléments me manquaient pour le résoudre, je m'aperçus que ma bouche et ma voix, à mon insu, avaient déjà répondu : « Madame, avais-je dit, vous pouvez compter sur moi ! » Olympe partit dans un grand chant de remerciement et, agenouillée, elle me baisait les mains, m'appelant son sauveur : je pus mettre ce temps à profit pour réfléchir. Il fallait quitter cette île, c'était certain. Auparavant, il fallait délivrer Germain, c'était tout aussi certain. Nous n'avions point d'armes... Comment faire ?

A ce moment-là, j'aperçus dans les coulisses d'autres barbares prêts à intervenir. Sur un tempo de l'orchestre, ils pénétrèrent sur scène, m'apprirent qu'ils étaient des Hermophobiens, ennemis des Hermophiliens qui avaient trahi Germain et le retenaient prisonnier. Nous convînmes d'unir nos forces et scellâmes cet accord en un grand tableau d'échange des sangs qui termina l'acte.

Je n'eus pas le temps de me remettre de mes émotions, ni de me renseigner sur la suite du livret, ni de demander aux régisseurs si ma présence sur scène n'était point incongrue : encore une fois comme si tout était déjà prévu, on me barda d'armes et le rideau se releva immédiatement.

Olympe restant auprès d'un arbre, sous une

ombrelle, nous attaquâmes le camp des Hermophiliens, la bataille fut sauvage, les morts pleuvaient comme des mouches – c'est une expression entendue, je n'ai jamais vu de mouches. Et nous délivrâmes Germain. Il me remercia de mon audace, déclara que j'étais leur ange gardien, à Olympe et à lui, et que je demeurerais à leur service. Les retrouvailles entre la jeune femme et le jeune homme furent émouvantes, mais je n'eus point le temps, encore, de reposer mes esprits et de réfléchir sur le sens de mes interventions dans une dramaturgie qui, normalement, avait été écrite sans prévoir ma présence sur scène : à l'écart, tandis que la nuit tombait sur les cocotiers de cette île déserte, j'entendis les barbares Hermophobiens, les vainqueurs des Hermophiliens, comploter ! Et, pendant que Germain et Olympe embrasaient leur passion dans un duo soutenu par des violoncelles, je prêtais attention aux propos chuchotés de ceux que je croyais nos amis, soutenus, eux, par des notes de hautbois : ils s'étaient servis de nous afin d'assouvir une vengeance contre les Hermophiliens, mais comptaient maintenant se servir de nouveau de nous pour gagner de l'argent, nous vendre comme esclaves au très puissant seigneur d'Outrebanc !

Vite, j'avertis mes compagnons. Olympe et Germain, qui croyaient arrivée la fin de leurs malheurs, bondirent... Comment fuir une île déserte ? Miracle et coup de théâtre, le décor se déroula : cette île n'était point une île ! Une digue bienvenue la rattachait à la côte orientale ! Nous remerciâmes le ciel et nous courûmes sur la digue, Olympe avec son ombrelle, Germain la chemise déchirée, et moi nu-pieds ; nous croisâmes une diligence, nous y montâmes sans que le conducteur, un ivrogne interprété par M. Benetto, s'en aperçoive. C'était la diligence noire qui transportait vers la ville les cercueils fabriqués avec les bois des cocotiers de cette presqu'île. Pour figurer l'avance de la diligence, le décor se déplaçait sur les rails : la mer nous entoura, puis on vit les lumières de la côte, puis le jour se leva grâce à des effets subtils des éclairagistes, puis on vit la grande ville avec ses cathédrales, ses mosquées, ses temples bouddhiques et ses gratte-ciel... Olympe et Germain s'embrassaient au milieu des cercueils vides, et moi je regardais défiler les toiles peintes, et cela me rassurait parce que sinon, je veux dire si cette histoire n'avait pas été du théâtre, j'aurais eu le ventre serré et les pieds moites ! Les cercueils se balançaient, nous arrivâmes à l'aube dans la ville.

Malédiction ! Lorsque, en pleine lumière, à l'heure de la première prière au Soleil, les peuples enturbannés de la grande cité virent sortir de la fameuse diligence aux cercueils vides trois corps vivants, ce fut un grand charivari, les bras s'enflammèrent d'une forte panique, l'orchestre s'enflamma, les chœurs s'enflammèrent, mille poings se levèrent, mille et un doigts se baissèrent : nous fûmes ligotés et jetés en prison !

J'avais besoin d'un entracte. Je ne suivais plus bien la succession des scènes et des tableaux. Les décors ne se déplacèrent plus, ce fut nous que l'on jetait dans les décors : les murs de cette prison m'apparurent bien durs pour des décors. Et bien dures les chaînes qui nous retenaient. Je tentais d'apercevoir ce vers quoi souvent jusqu'ici mes yeux s'étaient portés, le trou noir de la salle, le grand trou noir des fauteuils des spectateurs : il me sembla que notre prison nous entourait entièrement, qu'il y avait quatre murs. Mais une petite zone d'ombre, vers la gauche, me rassura. Oui, certainement, à n'en pas douter, je devais me trouver toujours sur les tréteaux ! Nous restâmes longtemps en prison. Et en silence. Olympe et Germain se taisaient, anéantis. Et moi, je pensai : Ce temps mort dans l'action, est-ce bien normal dans un opéra d'aventure et de passion ? Les spectateurs vont s'ennuyer ! Puis je pensai : Le seul spectateur c'est moi, et je suis enchaîné sur scène ! Il fallait sortir de cette grotesque situation... C'est pour calmer la peur noire qui peu à peu montait dans mon ventre, c'est pour meubler le temps, pour faire du bruit comme dans tout théâtre qui se respecte que je me mis à m'époumoner. Mon hurlement dut réveiller l'orchestre, car j'entendis, me sembla-t-il, les cuivres soutenir mes cris qui assourdissaient mes propres oreilles ! Au bout d'un moment encore trop long, du moins dans l'optique d'une bonne mise en scène, on vint voir pourquoi je beuglais. Comme je persévérais à beugler, on m'ôta les chaînes, on me conduisit par les salles jusqu'au trône du souverain.

C'était le puissant souverain d'Outrebanc.

Il me demanda de lui raconter mon histoire. Si cette histoire était à son goût, mes supplices seraient apaisés. L'épouvante tirait mon âme et mes cheveux. Ni côté cour ni côté jardin, je n'apercevais le moindre semblant de coulisses ! Mais oui, évidemment, j'étais toujours sur les planches... D'ailleurs sur mes épaules se percha l'oiseau Épaminondas. Et où, sauf au théâtre, voit-on des oiseaux Épaminondas ?

Et l'oiseau Épaminondas me dit... Et où, à part au théâtre, parlent les oiseaux ? Il me dit que je devais interroger les coulisses de mon cœur : n'avais-je point de l'attirance pour cette Olympe ? N'avais-je point de l'amour pour cette Clinemoure ? Mon cœur s'ouvrit à ma conscience, se révéla : depuis des actes et des actes, avais-je pu détacher mes regards du visage d'Olympe, des seins d'Olympe, des cuisses d'Olympe, des pieds d'Olympe, et ma poitrine ne bouillait-elle pas de rage de la savoir amoureuse d'un ténor qui ne chantait même plus ?

Et ainsi je m'entendis raconter au puissant souverain d'Outrebanc que Germain complotait contre lui et nous avait entraînés, Olympe et moi, dans cette histoire ! Comme preuve, avec un aplomb que seul un acteur qui connaît le scénario peut posséder, j'ajoutai : « Et c'est lui, Germain, qui a assassiné Gustave de Mirmoulin, le mari d'Olympe, avec qui elle allait consommer ses noces, et qui est, je le sais, Noble Seigneur, votre cousin ! » Comment le savais-je, que ce Gustave était le cousin du prince d'Outrebanc ? J'avais touché juste : le puissant souverain se mit à chanter à tort et à travers, pour maudire l'assassin de son parent. Et moi, sous son chant, en cet opéra qui devenait une mer sans navire, je tentais de percevoir la musique de l'orchestre, et je ne l'entendais plus, de même que je ne sentais plus les planches sous mes pieds mais un carrelage qui faisait trop vrai... Avec stupeur, alors que je n'avais plus suivi les derniers versets du grand air du roi d'Outrebanc, je compris qu'il invoquait la justice du Ciel et ordonnait que, costumé en singe Eucalyptus, je combatte en duel le traître Germain !

J'aurais bien voulu retrouver la terre ferme, me remaquiller, voir l'envers des décors, discuter un brin avec le comédien qui jouait le maître d'Outrebanc, examiner un tantinet la question de l'opportunité ou de l'inopportunité de mes inventions dans une pièce dont le sujet ne m'appartenait point, mais l'oiseau Épaminondas ne m'accorda pas un seul instant de répit : à coups d'aile, il m'enseigna le maniement du sabre à deux lames, et j'étais pris dans un tourbillon sensationnel, et l'oiseau me costuma en singe Eucalyptus, et je me retrouvai dans la cour du palais.

Le ciel était d'un bleu qu'aucun éclairage n'aurait pu créer. Au bord de l'angoisse absolue, je cherchai le trou du souffleur à défaut du grand noir apaisant de la salle et des fauteuils vides de spectateurs. Surgit Germain, écumant, un sabre à deux lames aux mains : il vit ce singe velu que j'étais, qui portait la même arme, et il me combattit. Je ne pus que fermer les yeux, faire la feinte que m'avait enseignée l'oiseau Épaminondas. Quand je rouvris les yeux, je vis que Germain, mon rival à moi qui aimais Olympe, avait dans le cœur la première lame de mon sabre et la seconde dans le cou. Je m'aperçus que, dans l'effort, ma cagoule de tête de singe avait glissé, et qu'ainsi je dévoilai mon vrai visage... J'entendis que le mourant Germain, chantant à peine, s'adressait à l'oiseau Épaminondas : « Tu diras à Olympe qui m'a trahi, m'a tué ». Et il mourut.

Chapitre huit

Devant le cadavre de Germain, en ce qui devenait pour moi un abominable réel, l'empereur d'Outrebanc ordonna qu'Olympe et moi soyons expulsés dans le désert.

Quand Mlle de Clinemoure, veuve de Miremoulin, apprit que son amant n'était plus de ce monde, et tandis que je me demandais : Quel monde ?, elle entonna quelque chose de si émouvant que ce n'était plus du chant, et nous fûmes jetés tous deux dans un désert de sable. Et j'avais beau scruter l'horizon, je me rendis à l'évidence : on ne devinait plus les limites, ce n'était plus une scène mais un désert de vrai sable sans fin...

Et aucun projecteur n'aurait pu donner un tel soleil.

Mais, hélas, je ne me réjouis point, et je ne pensai pas : Enfin je me suis évadé, par je ne sais quelle magie du théâtre j'ai pu sortir d'un théâtre ! Car une seule idée rôdait dans ma tête déboussolée : Enfin, Germain mort, je suis seul avec Olympe !

Pourrais-je un jour invoquer la chaleur comme excuse ?

Car le soleil était plus chaud que le soleil, et mon désir passionné encore plus fort que tout désir passionné interprété par un acteur.

Des gardes armés nous avaient tiré dessus, pour nous obliger à continuer de l'avant, vers les dunes infinies de sable, vers la soif et la fournaise, loin de l'ombre de la cité civilisée. Je la pris dans mes bras, Olympe. « Ne pleurez pas, lui disais-je, gardez l'eau pour la vie de votre corps, Olympe. » Je la consolaî, ne pouvant m'empêcher de prendre du plaisir à serrer ses épaules brûlantes, sa poitrine de soleil, ses cuisses qui me donnaient des frissons ! Et elle se déchaussa, Olympe. Et je vis les pieds nus d'Olympe... La première nuit, je lui fis un lit avec ma chemise. Et je veillai sur ses cauchemars, lui caressant le front. A l'aube, je partis inspecter le désert : rien ne l'arrêtait, tout théâtre avait définitivement disparu, oui.

Au soleil levant je lançai mes yeux vers le ciel, j'emplis mes poumons d'un éblouissement que nulle frontière, nul mur, ne séparaient de la liberté des premières étoiles. Ma poitrine était nue, et point celle d'Olympe : comment oser avouer, qu'au lieu de m'interroger sur le mystère qui m'avait permis de sortir de l'opéra de mon père, c'est au mystère de la poitrine d'Olympe que mon esprit déboussolé songeait ? Et nous repartîmes, bannis, suant d'un malheur que je vivais comme un bonheur.

Aux dunes succédèrent des dunes, et le soleil fut mordant, et le soleil fut mangeur d'hommes, et le soleil fut mangeur de rêves. Avec ma culotte, je lui fis une ombrelle, à Olympe. Elle allait, ses pieds s'enfonçaient dans le sable, elle dégraffa son corsage. Sa poitrine devint comme une maison pour mes yeux.

Nous avions une seule petite gourde, pour nous deux.

Ce ne fut que le deuxième ou le dixième jour, après quatre ou vingt nuits que je passai à éventer sa tristesse, que je lui proposai, afin de préserver notre eau, de boire ensemble, lèvres à lèvres. Elle ne vit point de mal à coller sa bouche à celle d'un grand enfant qui pourrait être son fils. Pas plus que je ne pensais à ma mère, elle ne réalisa que j'avais des difficultés à cacher cette passion qui naissait, pour la première fois de ma vie, au milieu de mon corps. Nous étions au cœur du désert, elle n'eut plus de pudeur pour ses intimités, persuadée de son imminente mort.

Les jours étaient comme des chemins torrides, où le feu m'aurait autorisé à m'endormir sur son ventre, à Olympe. Olympe, que j'aidais à marcher, profitant de mes bras à l'infini du désert. Nous étions liés comme deux gouttes d'eau, assoiffés.

Les nuits étaient comme des paravents glacés, où son sommeil aurait autorisé mes mains à suivre les mouvements de mon regard, parcourant les courbes de ses hanches, à l'Olympe.

– Adieu, mon petit, et merci, me fit-elle, un matin : la gourde est vide.

Comme si quelqu'un avait pu nous voir, j'hésitai à lui donner les dernières gouttes de ma salive. Je me permis seulement de lui baiser le genou, il avait goût de caillou. Je voulais sucer ce caillou, quand je sentis dans l'air comme l'odeur d'une eau lointaine. Je rampai sur le satin du sable, au bout de la dune j'aperçus l'oasis : c'était un trou d'eau, entouré d'une végétation d'arbres. Je me précipitai, la bouche plus sèche que le sel.

Des dragons velus surgirent, les gardiens de la source. Olympe meurt, me disais-je, usons de nos ultimes forces ! J'envoyai du sable sur les yeux des dragons, ils répliquèrent en crachant un feu noir qui se répandit le long de mes jambes. Trouvant un bout de bois, je leur fis face. Et je frappai, mes dernières sueurs coulaient, les pattes des trois dragons s'accrochaient à mes flancs, leurs gueules tentaient de me mordre le cou, je parvins cependant à leur enfoncer, à tous, mon bois mort dans le cœur, le sang gicla. Ce fut plein de sang, dans l'ivresse d'une victoire, que je revins vers Olympe, la portai jusqu'à la source de l'oasis, et pour la sauver je lui mouillai la bouche, lui mouillai le front. Peu à peu, son cœur battit moins vite, elle se laissa aller à cette fraîcheur inattendue, et dans le calme d'une ombre, près d'elle je m'endormis.

L'oiseau me réveilla. L'oiseau Épaminondas. Lui, encore ! Lui, qui m'avait permis de me dévoiler à moi-même la passion que j'éprouvais pour Olympe, lui que j'aurais dû remercier, comme mon ennemi je le vis. Et il fut effectivement mon ennemi : quand il pencha son bec sur l'oreille d'Olympe, je sus ce qu'il lui susurrait, je sus qu'il lui répétait les dernières paroles de Germain.

Olympe se redressa.

– C'est toi qui m'as trahi, me fit-elle, c'est toi qui as manigancé le sort de mon amant auprès d'Outrebanc, c'est toi qui as tué celui que j'aime toujours, pour le sordide plaisir de réconforter mon corps, je te maudis !

Elle tenait un couteau à la main, Olympe.

Et avant que j'eus l'idée de faire le moindre geste, elle me le planta dans le ventre.

Je me vis mourir, dans cette oasis d'un grand désir. Je sentais la mort se tendre dans mes reins. C'est alors que je me souvins du théâtre. De mon père et du théâtre. Oui, tout cela n'était qu'un drame, et point la vie. Vers la vie, mourant, je courus. Bras en avant, plein du sang des dragons et souillé de mon propre sang, je courais, criant. Le soleil me prit. Non, ce n'était pas du soleil, ce n'étaient que les feux de la rampe. Et j'allais jusqu'au bout du désert, dunes après dunes, non, ce n'était pas du vrai sable, il ne le fallait plus ! Bras en avant, bouche ouverte, je trouverais bien les coulisses quelque part. Je fermai les yeux.

Quand je sentis la fraîcheur, comme un gouffre vers un lac, je sus que j'étais revenu vers la vérité. J'ouvris les yeux : la fosse d'orchestre était vide.

Je rampai, dégringolai, remontai : la salle de spectacle était obscure.

Je rampai, titubai, de fauteuil en fauteuil. J'ouvris les yeux : le silence.

Je rampai, j'étais dégoûtant, c'était du faux sang, et le poignard dans mon ventre était un faux poignard dont la lame glisse dans le manche.

A l'autre bout, à l'entrée de cette salle de spectacle, il y avait deux yeux, comme ceux des chats sur les sépultures.

Valentine.

Je rampai un bras en avant, elle leva la main :

– Ne me touche pas.

Valentine !

– Ne me touche pas, répétait-elle. Tu t'es assez donné en spectacle. Qui aurait pensé cela de toi ? Je ne t'aurais jamais cru capable d'un tel sans-gêne. On se disait que tu interviendrais un peu, juste pour connaître un petit goût de liberté. Tu avais ton rôle : prévu mais effacé.

Et voilà que tu t'es insinué dans le déroulement de l'opéra ! M. Rodolphe avait beau protester, t'empêcher, tu n'écoutais rien, tu persévérais à t'illusionner sur ton jeu et une destinée factice. Tu as pris possession de la scène, tu y as campé, tu dormais dans un sac de couchage, tu bougeais sans cesse dans ton sommeil, on te nourrissait de sandwichs que tu avalais distraitement, tu as chassé certains chanteurs engagés, des figurants programmés, tu as modifié le cours du spectacle, tu en as multiplié la durée, il est devenu interminable et ennuyeux, rocambolesque et décousu ! A tel point que M. Rodolphe a eu une crise cardiaque, est mort. On l'a enterré à la sauvette, sans les cérémonies coutumières, car il fallait à chaque instant te surveiller, les jours passaient, les mois passaient, tu ne voulais pas quitter la scène. J'avais honte pour toi. Honte pour moi qui t'avais conseillé de participer à cette création mondiale. Bientôt les compositeurs, les librettistes, qui en avaient assez de quotidiennement réécrire les péripéties, les dialogues et la partition selon tes inventions du jour, rendirent leurs plumes, leur encre et leurs tabliers. Bientôt le chef d'orchestre et les musiciens en eurent pardessus la tête d'improviser, prirent des vacances. Le scandale fit le tour de notre maison, et pour la première fois depuis des milliers d'années, le monde de l'opéra se désintéressa de l'opéra. Les acteurs abandonnaient, et l'on dut, par respect pour le rang de ton père, par obligation devant l'ordre universel de la fiction, supplier les derniers, notamment M. Gribot dans le rôle d'Outrebanc, M. Labîme dans celui de Germain, Mlle Ramolin dans celui de l'oiseau Épaminondas, et la Kritarougas, de continuer à donner la réplique à tes délires, ce qu'ils firent, du moins pour la plupart, avec dégoût, grincements de dents, grâce à des promesses d'avancement. Seuls, ton papa et moi, par devoir, par amitié, dans la déception de l'amour peut-être, assistâmes aux derniers actes de cette pièce que tu improvisais sans plus te rendre compte qu'il ne s'agissait que de théâtre. Et ça dura encore des mois. Rien, ni la chaleur artificiellement accrue des feux de la rampe ni les rebondissements terrifiants imaginés par des scénaristes de remplacement, ne te découragea. La scène t'appartenait, tu t'y cramponnais, comment te déloger ? Ton pauvre père souffrait, n'osait pas donner l'ordre de te renvoyer par la force, force armée que tu aurais combattue, toi, pauvre drogué d'imaginaire ! Et puis ce fut le bouquet. Et cette Kritarougas est bien coupable de s'être laissé prendre au jeu avec ses gros seins et son gros derrière ! Voilà que, devant ton père et devant moi, sur scène, alors que les derniers machinistes que tu n'avais pas découragés s'ingéniaient du haut des cintres à te faire comprendre que le sable de ce désert était en toc, voilà que tu t'es livré à cette monstruosité : t'exciter publiquement devant les attraits de cette grosse vache ! Ah ! tu aurais pu penser à ma souffrance ! Te voir comme une bête la langue basse, tourner autour de cette poitrine et de ces pieds, et te mettre nu sous prétexte de protéger ce personnage d'un semblant de soleil ! Tu as montré le cochon malsain que tu es, et j'étais humiliée. Comment avais-je pu être l'amie de ce cochon malsain ? J'entendais rire les derniers machinistes, bientôt rejoints par d'autres, qui voulaient voir ça, le fils du concierge de l'opéra, le futur concierge de l'opéra, se trémousser et se tortiller avec une cantatrice dont seule la magie des spectacles pouvait masquer la cellulite et les varices. Moi, je pleurais, et je pleure toujours, sur une amitié à jamais perdue. Ton malheureux père, lui, respirait mal. On a envoyé les dragons, pour tenter de te faire retrouver la raison. Tu tuas les dragons, démontrant que ta raison s'enfuyait au fur et à mesure que le temps passait. Ton jeu dura presque six mois, et notre désespoir, à ton père et à moi, dura presque six mois. Je suis jeune, et si mon cœur est brisé cela reste une métaphore. Plus âgé, et de santé plus fragile, ton père ne put supporter : il est dans son lit, malade, entouré de médecins inquiets.

A ces mots, je me précipitai, sans même penser que plus tard je devrais me légitimer aux yeux de celle que j'avais déçue, ah ! je me précipitai : la nouvelle de la maladie de mon père me réveillait définitivement d'une trop absurde évasion.

Sur les escaliers, contre les murs, sous les dorures et les arabesques architecturales, dans les galeries, à tous les étages, jusqu'au grand hall d'entrée gardé de statues, les visages immobiles de M. William, de Mlle Planche, de M. Moulin, de Mme de La Calome, de M. Gardonne, de M. Opique, de Mme Bekedorf et du souffleur Gustave me fixaient avec une triste réprobation.

Le temps était comme arrêté, mais le temps en vérité s'avançait vite vers la mort : mon père dans sa chambre, maigre, allongé, sous des draps si blancs, une respiration lente... Je m'aperçus que, pour moi, c'était la première fois que mon père n'était point vertical. Autrefois, même lorsqu'il dormait, il était vertical.

– Papa, c'est fini, ma folie est terminée. Pardon, papa, j'étais dépassé par moi-même, pardon...

– T'es-tu bien amusé, au moins ? fit-il d'une voix qui n'était plus la sienne, qui n'était plus une voix verticale.

– Ne parlons pas de cela, tâchons d'oublier.

– Mon petit, il ne faut pas que tu oublies.

– Je me suis couvert de ridicule en public, je suis au-dessous de tout !

– Il ne faut pas oublier : tu as mis le désordre dans notre petit univers, tu as chamboulé l'ordonnance des actes, c'est fabuleux ! Et si on s'est moqué de toi, et si on se moque toujours de toi, de tes puériles fascinations amoureuses, ce sont les moqueurs qui sont à plaindre, eux qui ne sont pas capables de se donner avec passion à des chimères. Oui, mon petit, s'ils te toisent avec réprobation, c'est parce que tu fus poète, et que tu as osé te montrer tel que tu es, romantique et enchanteur. Tu eus peut-être l'air ridicule, mon fils, mais la jeunesse n'est jamais ridicule. Ridicule, c'est moi qui le fus, moi qui le suis, en tombant malade...

– Papa ! Ne dis pas ça !

– Au lieu de braver les sourires ou les fous rires, au lieu d'affirmer mon pouvoir et ta future puissance de futur concierge de l'opéra, j'ai pris le parti des imbéciles, j'ai cassé mon autorité, j'ai brisé le piédestal de l'autorité que tu devras posséder plus tard. Oh ! c'est à moi de te demander pardon !

– Tu vas guérir, et ils comprendront que cette histoire n'a pas beaucoup d'importance.

– Je ne vais pas guérir, et cette histoire risque de prendre de l'importance. Valentine ne te le pardonnera jamais.

– Qu'importe Valentine...

– Mais non ! Tu auras du mal à lui faire entendre la fougue de l'adolescence des concierges. Elle est une jeune fille trop sage pour se permettre de saisir la frontière entre le quotidien et l'exaltation.

Il se tut. Je ne sus quoi répondre. N'avait-il pas raison ?

Je me mis à crier :

– Docteur, si vous ne guérissez pas mon père vous êtes un faux médecin, un médecin de théâtre !

Le Dr Abrite, qui venait de pénétrer dans la chambre avec ses acolytes, haussa les épaules. Je devins une bête, et j'écris cela sans savoir exactement ce que sont les bêtes. Je vis les lèvres de mon père bouger, je me penchai :

– Moi aussi, dans mon adolescence, je fus amoureux de la Kritarougas, qui était encore une enfant.

Je devins une bête sauvage, je me mis à la recherche de Valentine, je montai les escaliers, enjambai les galeries, je surgis dans la salle de maquillage de sa mère, Mme Bekedorf. Valentine s'y trouvait. Dans les yeux de Mme Bekedorf j'étais comme un criminel, je l'écartai, m'approchai de mon ouvreuse, Valentine se détourna, je la suivis, elle me tournait le dos.

– Valentine, Valentine, écoute-moi, mon père me comprend, lui, et non seulement il me pardonne mais c'est lui qui me demande pardon de n'avoir point pris mon parti.

Elle marchait, elle me tournait le dos.

– Valentine !

Chapitre neuf

– Valentine, je me suis laissé aller, j'ai transgressé l'ordre de notre monde, mais si je ne gardais pas un souvenir merveilleux de notre complicité d'antan, si je ne me rappelais plus que tu fus mon amie, je penserais que tu m'as tendu un piège ! Car, n'est-ce pas toi qui me répétais qu'il fallait grimper sur scène pour s'évader ?

Elle me tournait le dos, je la suivais.

– Valentine, on ne maîtrise pas une évasion, je ne savais plus où j'étais, je me trouvais hors de moi-même, et, oui, pourquoi te mentir, j'ai vécu des moments envoûtants, où j'étais heureux de ce douloureux égarement. Mais ce n'était pas moi que tu voyais sur scène, c'était mon ombre rêvante ! Tu ne peux pas me reprocher un rêve. Autrefois, tu te réjouissais de mes inventions, Valentine.

Elle marchait, elle me tournait le dos.

– Valentine, réponds-moi. S'il faut que je

te demande pardon, je te demande mille fois pardon, mais, surtout depuis ma conversation avec mon père, je ne me sens nullement coupable. Au contraire, si tu réfléchissais bien, tu devrais être contente ! N'ai-je point mis à nu la puissance de passion dont je suis capable ? L'objet de cette passion ne fut qu'une marionnette sans conséquence...

Elle se retourna. Ma dernière phrase n'était peut-être pas très adroite.

– Va raconter ces sornettes à la Kritarougas, dit-elle.

Elle disparut.

Il y eut des portes et des portes, une enfilade de portes ouvertes.

Ce fut une suite de crépuscules, le long des murs clos de l'opéra.

Je revins dans l'appartement de mon père : de galerie en vestibule, les visages de Mlle Planche, de Mme Stygert, de M. Bolygny, de M. Opique, de M. Lemercier se détournèrent, comme lorsqu'on regarde passer la lèpre. Dans la nuit papa toussa beaucoup, le Dr Abrite demeura à son chevet. J'avais perdu le souvenir du sourire de Valentine.

J'avais bientôt quatorze ans.

Les temps qui suivirent furent les plus noirs de mon existence. La lumière de l'improbable « dehors » semblait avoir du mal à pénétrer par les hautes fenêtres aux verres opaques, et mon père gardait le lit. Son visage peu à peu se perdait dans les draps.

– Papa, c'est absurde, guéris, on s'est expliqués, repartons d'un pied neuf, ne donne pas raison à ceux qui me fixent méchamment lorsqu'ils me croisent, sors de ton lit, tu es le maître, réagis papa !

– Oui, je dois réagir, mais je suis fatigué, me répondait-il.

La vie était morne. Je remarquai que depuis plusieurs mois mon père n'écrivait plus sur son grand cahier : *Aujourd'hui rien d'extraordiaire, rien que le train-train du merveilleux*... C'était le train-train d'un quotidien, et moi je me traînais comme un somnanbule. J'évitais de penser à mes deux drames : le mépris de Valentine et la maladie de papa.

Et de nouveau, chaque matin, on venait me chercher. Un nouveau metteur en scène, quelqu'un que je n'avais pas encore rencontré dans cette fourmilière de l'Opéra, dont, en définitive, je ne connaissais que la moitié des employés, j'allais dire : des condamnés. Il s'appelait M. Agostini, il était terne. Pour se présenter, il me dit :

– Je suerai moins que feu monsieur Rodolphe. Avec moi, il ne peut s'agir de création. La routine du théâtre est une bonne illustration de notre vie monotone. Et puis je n'aime pas l'opéra. Je crois que je préfère le cirque. Mais ce n'est qu'un mot pour moi, et je suis bien trop paresseux pour étudier un autre art que celui de mes parents. Chaque jour j'organiserai votre spectacle, puisqu'il est d'usage de monter des spectacles dans les salles de spectacles. Mais je ne sais même plus ce qu'il y a au programme aujourd'hui. Bon, allons-y, vous connaissez le chemin.

Et chaque matin, M. Agostini soupirait :

– Bon, on y va.

Et nous y allions.

Et, pour la je-ne-sais-combien de fois, je revis *Le Trouvère, Turandot, Lulu, Macbeth, Les contes d'Hoffmann, Don Carlos, La Bohème, Paillasse, Tannhaüser, Fidelio...* Mais c'était la pagaille. Les femmes de ménage et les hommes de poubelles négligeaient la salle de représentation, les opéras commençaient avec des demi-heures de retard, les chefs d'orchestre ne se rasaient plus, les mises en scène n'étaient pas respectées, les déplacements s'esquissaient mollement, le chœur paresseux ne bougeait plus, les décors flottaient. Un jour je vis le dernier acte d'*Othello,* la mort de Desdémone normalement jouée dans une chambre sombre avec un grand lit se dérouler par erreur devant un décor de taverne. Un autre jour Dom Juan était en salopette, son costume déchiré n'ayant pas été rapiécé. Les musiciens venaient dans la fosse quand ça leur chantait, il y eut des trous dans les partitions, les violons se réduisaient souvent au strict minimum, une fois la marche d'Aïda ne fut interprétée que par une seule trompette...

A dire vrai je m'en fichais un peu, et moi aussi je me négligeais : j'avais d'autres préoccupations.

– Guéris, papa ! gémissais-je devant le lit où, de plus en plus à plat, la bouche sifflante, il reposait.

– Oui, je te le promets, je fais des efforts, aujourd'hui j'ai mieux mangé qu'hier, me mentait-il en souriant de ses joues maigres, et il n'avait même plus la force de se laver chaque jour.

– Tu n'as pas le droit de partir comme cela. Je suis si jeune encore, papa ! C'est ton devoir de penser à moi, même si lorsque j'ai fait le fou sur la scène il y a quelque temps je n'ai pas pensé à toi.

– Oui, oui, mon petit, regarde comme je suis frais, je vais me lever, murmurait-il en se soulevant du bout du coude, et ses bras étaient si frêles que son dos retombait.

– Papa, si tu t'en vas moi aussi je mourrai, souviens-toi de maman, elle veut que tu vives, elle te l'ordonne !

– Oui, je suis juste un peu épuisé, ça va passer.

Je m'écartai, ne pouvant plus retenir mes larmes. Je me frottais les yeux quand j'aperçus le Dr Abrite :

– Docteur, mais qu'a-t-il exactement, quelle maladie ? lui demandai-je à voix étouffée, sur le pas de la porte.

– On ne sait pas trop, jeune homme. Notre maladie à tous, au bout d'un certain nombre d'années : l'ennui, le manque d'air, et puis la lassitude métaphysique, le refus d'être.

– C'est à cause de moi, n'est-ce pas ?

– Pas forcément. Votre attitude inconsidérée d'il y a quelque temps ne fut que le révélateur d'un mal plus profond.

– Il guérira, n'est-ce pas ?

– Nous nous efforçons.

– Efforcez-vous mieux, bon sang !

Un jour, après une représentation de *La Walkyrie* où le décor s'était écroulé au moment des pathétiques adieux de Wotan et de sa fille Brünnilde, je serrai le poignet osseux de mon père avec une telle violence que la bouche sifflante se tordit :

– C'est lamentable, ce qui arrive à notre maison, tout devient sinistre, c'est à toi de rétablir l'ordre et la beauté, on se moque de toi, de moi, on se moque de la dynastie des concierges, fais-nous respecter, sois un bon capitaine, ton navire coule et tu végètes au fond de ton lit !

– Oui, oui, je vais me lever, je vais réunir tout le monde, je vais gronder !

Je jetai un œil méchant au Dr Abrite, il détourna les yeux. Soudain j'entendis mon père me dire :

– Si tu te réconciliais avec Valentine, ça me donnerait des forces.

Alors, la brûlure me remonta du cœur.

Valentine, je la rencontrais chaque jour, lorsqu'elle m'accompagnait à ma place, ouvreuse. Et ses yeux étaient de mépris. Et je ne pouvais plus la regarder en face. Et chaque fois c'était un coup de guillotine.

Ainsi je connus une souffrance ignorée : une lourdeur des paupières, une crispation comme si les bois d'un cercueil se refermaient sur mon visage, un froid qui me serrait les bras, un renoncement semblable à celui de mon père. Je n'eus pas besoin de me poser des questions sur cette langueur, je savais qu'elle avait un nom : chagrin d'amour. Et si j'éprouvais un chagrin d'amour c'est que, sans bien m'en être rendu compte, j'avais de l'amour pour Valentine, et depuis longtemps. Mais cette douleur révélait cette irrésistible attirance au moment où je venais de détruire la possibilité de la partager !

Valentine. Ses yeux me fixaient, ne me lâchaient plus, des yeux de refus. Et moi, la tête basse, j'implorais un autre regard. Je ne pouvais pas lui mentir, mais comme je ne pouvais pas la regarder en face elle pouvait croire que je lui mentais :

– Valentine, maintenant je le sais, je suis amoureux de toi.

Ses yeux étaient des lames.

– Valentine, tu n'as pas le droit de me punir aussi longtemps, je t'ai fait mal mais, de même que c'est ma souffrance actuelle qui me dévoile mon amour pour toi, de même si tu as souffert de me voir faire le galant avec une autre, c'est que tu ne me hais point...

Je reculai soudain de dix pas, les yeux de Valentine étaient des lances si aiguës, je m'enfuis.

– Papa, joue-moi du violon !

– Oh ! mon petit, mes mains sont trop faibles !

– Tu m'avais promis de guérir, alors montre-moi comment tu guéris bien, joue-moi du violon comme autrefois avant mon sommeil, comme autrefois quand tu me berçais et que tout était si doux, papa sois un père !

– Bientôt, bientôt, soufflait-il dans cette chambre qui sentait les médicaments, ce lit qu'il ne quittait plus, ces draps qui lui pesaient et sous lesquels on avait posé des cerceaux afin que ces maigres os ne soient pas écrasés.

– Tout de suite, papa, sinon c'est moi qui vais jouer !

– Ah ! non.

Je ne savais toujours pas jouer du violon. J'attrapai l'instrument, frottai l'archet contre les cordes.

– Non, non, arrête !

L'archet raclait, les sons étaient des grincements de dents.

– Non, c'est trop laid !

– Je n'arrêterai que si tu guéris.

– Je suis guéri, je suis guéri !

On riait brusquement, mon papa et moi, on riait comme autrefois, et je crois que ce fut la dernière fois.

Plus tard, j'étais assis à ses côtés, je lui tenais la main, je me suis endormi. J'ai rêvé de Valentine, elle n'avait plus ses yeux de mépris, elle se tenait contre moi comme on se promène tranquillement aux bords d'une plage, si les plages et la mer existent, et moi j'avais la même passion que sur la scène avec Olympe, il y avait déjà des mois et des mois, le même désir, mais c'était un frémissement plus heureux, parce qu'on ne se trouvait pas sur une scène, et elle m'aimait, Valentine, et j'embrassais sa bouche, elle avait l'odeur de la mer. Et je me suis réveillé, je serrais la main de mon père dans sa chambre de malade, il respirait trop lentement.

« Je t'aime, je t'aime, je t'aime, Valentine ! » criai-je à voix muette au fond de mon lit, cette nuit-là.

Il y avait comme un marteau rouge qui me tapait la poitrine.

Le lendemain, j'allai mollement avant la représentation du jour le long des vestibules et des galeries, je montai des marches, me retrouvai vers les loges des chanteurs : des costumes de diverses époques étaient pendus à des cintres, des cotons de maquillage traînaient sur les parquets poussiéreux, je la vis.

Ses yeux. Je baissai la tête. Ses pieds.

J'avais la tête penchée vers les pieds de Valentine, des pieds calmes et bien chaussés, des pieds de jeune fille de bientôt vingt ans, des pieds sans rides ni veines apparentes. J'aurais dû relever la tête :

– Je t'en prie Valentine, cessons ce jeu. Oui, tu me répondras que, pour toi, ce n'est pas un jeu. Mais ne me laisse pas si malheureux, avec ce marteau rouge qui me tape la poitrine.

J'avais toujours mes yeux baissés vers ses pieds, je savais que ses yeux étaient toujours fixés vers moi, insupportables de mépris.

– Valentine, permets-moi de te regarder en face. Que puis-je dire pour que tu admettes que tu pourrais m'aimer, pour que je puisse penser que tout n'est pas fini ?

Peut-être fut-ce au moment où j'allais relever la tête, supporter la morsure de ces yeux de mépris, que j'aperçus dans le champ de mon regard deux chaussures d'homme se poser très près des pieds de Valentine.

Il y eut un long silence, un baiser mort. Le marteau se leva, le marteau rouge brisa ma poitrine.

Les deux chaussures d'homme et les pieds calmes de Valentine, ensemble, se détournèrent comme une danse, disparurent de mon regard.

Disparurent.

Et le marteau se levait : des ricanements...

Les chanteurs... Si les techniciens et les musiciens de l'opéra, depuis mon exploit sur scène, avaient les paupières lourdes de reproches, les chanteurs, eux, ne cachaient point leur arrogance, et même se moquaient franchement. Plus d'une fois, MM. Calor et Martin, Mlle de Pontaven, M. Benedetto ou Mlle de La Grille m'avaient interpellé grassement : « Hé, voici le grand acteur ! Oh, petit, quand donnes-tu un nouveau récital ? Tiens, la star ! Hé, il faudrait que tu chantes mieux si tu veux nous voler la vedette ! Alors, quel sera ton prochain rôle ? » Je ne prenais même pas la peine de hausser les épaules, me disant que, si mon père n'était point alité, ils ne se permettraient pas de telles plaisanteries... Et voilà qu'ils se trouvaient tous là, et M. Dumart, et M. Deschaussezts, et Mlle Bertin, et Mlle Fine, et M. Gribot et M. Labîme, en costume de farfadet, avec des couronnes, des lances, des faux nez et des épées, et voilà qu'ils ricanaient, tandis que les chaussures d'hommes disparaissaient en compagnie des pieds de Valentine, et je la vis.

Elle était habillée en princesse d'Égypte, la Kritarougas, étendue sur un trône de carton-pâte, des colliers d'or et de rubis dégoulinaient sur sa large poitrine, et ses cuisses nues reposaient comme des colonnes que des figurants grimés en esclaves éventaient, et ses pieds avaient de grosses veines joufflues.

– Mais c’est mon amoureux, mon amoureux ! miaulait-elle.

Et le marteau rouge me tapait sur les tempes, sur la nuque, et le marteau rouge s’élevait.

Un des figurants portait un fouet à la ceinture. Je l’arrachai. Au rythme du marteau rouge, il retomba, le fouet. La lanière cingla. Je cinglai les acteurs, je cinglai les robes de courtisane qui se déchirèrent, je cinglai les couronnes qui se brisaient en grand affolement, je cinglai les ventres des ténors et les fesses des basses qui sautaient en grand éparpillement, je cinglai les cheveux, les pattes et les doigts, et je cinglai la Kritarougas.

Chapitre dix

– Mais il est fou, ce gosse ! hurlait la Kritarougas, s'enfuyant avec les autres, disparaissant dans les couloirs, les loges, abandonnant chaussons, rubans, perruques, éventails, colliers et faux nez.

Je jetai le fouet, avec fureur.

C'était l'heure de la représentation. Je m'y rendis seul. M. Agostini me courut après, dégringola dans les escaliers. Valentine m'attendait, seule, devant la porte de velours. J'ouvris moi-même la minuscule porte, la refermai au nez de mon ouvreuse.

La Flûte enchantée débuta avec plus d'un quart d'heure de retard. La Reine de la Nuit chanta faux. Le chef d'orchestre était en jean. Au milieu du deuxième acte, je me levai, et jamais je n'aurais imaginé que la colère de ma voix fit tant de bruit.

– Arrêtez immédiatement !

Il y eut un grand cafouillage dans l'orchestre et parmi les chanteurs. Puis un vague silence.

– J'ordonne que tous les techniciens et musiciens montent sur scène.

Nouveaux cafouillages. On vit des visages et des bustes apparaître, se manifester par-ci, par-là. Des musiciens grimpaient. Beaucoup rechignaient.

– J'ai dit : tout le monde sur scène. Ne me forcez pas à le répéter.

Bientôt la scène fut pleine de gens étonnés, grommelant...

– Et taisez-vous !

On aurait entendu une mouche voler, si cet insecte avait existé. On entendit la voix du fils du concierge de l'opéra :

– Inadmissible. Vous profitez, lâches que vous êtes, de la maladie de mon père, pour saboter notre maison. Quel âge avez-vous ? Quels esclaves êtes-vous, s'il vous faut des gardes pour vous encadrer, du fouet pour vous inciter ? Vous êtes la honte du monde de l'opéra, l'orgueil perdu du plus beau spectacle du monde. Vous vous dites peut-être, dans la mesquinerie de vos caractères, que pour si peu de spectateurs les efforts sont inutiles. Mais, même si vous n'avez qu'un seul spectateur, vous lui devez le respect. Et votre unique spectateur proteste : vous vous foutez de lui. Où est passé votre génie d'antan ? Vous êtes devenus laborieux et poussifs. Vous êtes devenus les navets prétentieux d'un imaginaire déchu. Sachez que, comme tout spectateur, je vous juge. Et, en cette matinée, c'est votre nullité que j'ai jugée. Avez-vous songé à la douleur de mon père, si, depuis son lit de malade, il avait connaissance de l'ensemble des sordides catastrophes que vous infligez à votre spectateur, catastrophes dont, par pitié, je ne lui rapporte qu'une infime partie ? Maintenant, je ne vous ménagerai plus. Je dirai à mon père : il vaut mieux que tu meures plutôt que de subir la dégradation de notre univers par des incapables. Car, c'est pire que nuls, que vous êtes. Et quand je vous vois, pour la première fois sans fard sur cette scène, je remarque que votre bêtise se lit sur votre front. Oui, c'est de la bêtise, que de ne point entendre les voix de vos aïeux qui grondent sous la scène. Les voix de nos morts, celles de nos mères, celles de nos pères, qui, d'abord, ont protesté, blessées d'écouter des notes inachevées, des partitions piétinées, blessées de deviner des décors salopés et des costumes torchonnés, et puis qui ensuite, las de leurs protestations, se sont consolées en rigolant de vous à gorges chaudes ! Ah ! n'entendez-vous pas les moqueries de nos aïeux ? Vous vous laissez traîner dans la boue par vos pères et vos mères, sans avoir le moindre sursaut de dignité ! Tels les pires boutiquiers que vos scènes comiques caricaturent, vous vous disiez sans doute, hypocrites roublards : en admettant qu'on doive faire des efforts pour un seul spectateur, à force d'assister continuellement au cycle des mêmes spectacles, cet unique bénéficiaire de l'art du théâtre chanté va s'endormir, son jugement va s'émousser, il contemplera nos jeux d'un œil de plus en plus flou, ne distinguera bientôt plus un *do* d'un *sol,* une contrebasse d'un trombone, un décor de taverne d'un décor de chambre nuptiale, alors prenons du bon temps, empâtons nos ventres, ronflons sur nos lauriers. Mais, cafards rampants, c'est le contraire qui est advenu : à force de réécouter les mêmes spectacles, de reconnaître les mêmes personnages, après un moment où une certaine lassitude, effectivement, m'a enveloppé peu à peu, à cette répétition des identiques plaisirs j'ai pris goût. Le goût, justement, de la pérennité rassurante des mêmes rendez-vous, comme un rythme de battements de cœur, si vous permettez qu'un adolescent de bientôt quinze ans puisse employer des notions que l'abrutissement de vos cervelles va sans doute avoir du mal à assimiler. Et j'ai appris à aimer l'artifice et le clinquant, les gestes stéréotypés des chanteurs, j'ai appris à aimer les fards brillants et les visages passifs des choristes, les mains éternellement tendues des amoureuses, les poings immanquablement serrés des rois cocus, j'ai appris à aimer les robes emphatiques des vierges et les poses magistrales des bottes sur les estrades. Or, c'est au moment où naissait chez moi ce sentiment d'admiration pour l'incessant retour de la tradition et d'un répertoire, que, prenant prétexte d'une faiblesse de ma part et de la maladie de mon père, vous vous permettez de saborder un plaisir que je me mettais à espérer chaque jour. Allez-vous ôter définitivement à votre unique spectateur la confiance qu'il vous avait donnée ? Allez-vous demeurer tels que vous êtes maintenant, bêtes, nuls, mesquins, paresseux, roublards, hypocrites et veules ? Je vous offre une dernière chance. Moi, le fils du concierge. Car si vous cherchez un maître, bientôt vous le trouverez en moi. J'exige une représentation parfaite de *La Flûte enchantée* de Wolfgang Amadeus Mozart. J'exige une salle lavée, nettoyée, fleurie. J'exige que les décors soient brossés, que les accessoires soient en place, briqués. J'exige que les costumes soient comme neufs. J'exige que toutes les ampoules soient remplacées. J'exige des instruments réaccordés et le chef rasé. J'exige que les voix soient aiguisées, que les enchaînements soient répétés. J'exige qu'il n'y ait pas une fausse note. J'exige que vous soyez géniaux, afin que les larmes de joie renaissent de mes paupières. Le rideau se lève dans deux heures.

Deux heures plus tard, j'assistais à une représentation que je jugeai presque parfaite.

Je pris un temps seigneurial avant d'applaudir.

Puis, doucement, je sortis de la salle de spectacle.

A mon passage, Valentine courba la tête.

Non, je ne devais pas remarquer ce mouvement, non ce n'était pas une victoire.

Quand je pénétrai dans la chambre de mon père, je vis que sa bouche se relevait dans un bonheur que son visage avait du mal à marquer, un bonheur si net. Il me prit les doigts.

Longtemps il tint ma main entre les siennes, sèches et parcheminées, si douces. Aussi douces qu'auraient pu être des gorges d'oiseaux.

Longtemps. Et s'il voulait dire quelques mots, il ne put les dire. Et s'il pouvait dire quelques mots, il ne le voulut pas.

La nuit. Les chandeliers. Les échos des pas.

La grande porte, de bois, de fer, de bronze et d'or.

Un vent passait par les interstices. Un courant d'air.

La porte monumentale qui n'avait jamais permis à personne d'entrer ou de sortir.

Qu'importe les courants d'air ! Qu'importe, maintenant, les rêves et les espoirs insensés de ma jeunesse : sans songer à Valentine, je devais remettre l'ordre dans la maison de mon père.

J'eus quinze ans.

Mon amour était toujours un chagrin, j'oubliais ce chagrin, je marchais.

Je marchais pour surveiller les chanteuses et

les chanteurs qui montaient et descendaient les gammes devant les pianos des répétitrices. Je marchais pour surveiller les costumes, les décors, les brossages, les couches de peinture. Mme de La Calome et M. Laglacière me firent des sourires longs comme les couloirs, fiers comme les statues du hall. Je marchais pour surveiller l'état des cintres, pour surveiller les remises à neuf des accessoires, des lances et des casques. Je marchais pour surveiller la nourriture, les cuisines. Je marchais pour surveiller les boiseries, l'électricité, le chauffage, les ventilations, la literie. Je marchais pour essayer de comprendre comment il marchait, lui, cet opéra. Et je comprenais que tant de choses, encore, m'échappaient : par exemple, j'ignorais toujours d'où, de quels champs, de quelles fermes venaient les bœufs et les poulets, les carottes et les tomates que nous mangions.

A qui d'autre qu'à mon père pouvais-je enfin le demander ?

– Mon enfant, mon grand, je suis toujours le concierge, ne crois pas que je vais te livrer tous les secrets des concierges, je ne suis pas encore mort, fichtre diable !

Sa réponse me fit plaisir.

Je marchais sans vouloir songer que je croisais sans cesse Valentine. Je marchais pour essayer, et pour la énième fois, de saisir dans sa totalité le plan de cette maison. Et je saisissais que tant de lieux, encore et toujours, m'échappaient. Certains escaliers que je découvrais me menaient à des étages supérieurs que je ne soupçonnais pas, et où, étrangement, ne vivaient que des vieillards, dans des pièces abandonnées.

Et ce fut ce jour-là...

Ce jour où, marchant, je souhaitais visiter ces étages du sommet de l'édifice, compter le nombre de ces vieillards, les interroger sur leur fonction...

Brusquement un ancêtre me barra la route :

– Non, petit, ne va pas là.

Je l'écartai, d'autres vieux surgissaient, s'accrochaient à mes basques :

– Non, pas par là.

Je les écartai. Devant moi, de soupentes partaient divers escaliers en colimaçon, comme des pièces ajoutées à un échafaudage branlant. Je montai, il y eut encore des greniers, des boyaux où l'on devait circuler courbé, d'autres marches poussiéreuses qui me firent penser à ce que j'imaginais être des « échelles de meunier ». Tout devenait si étroit, si dérisoire aussi.

Ainsi ce monument s'achevait, à son sommet, par un cul-de-sac de pièces imbriquées les unes dans les autres. Bientôt, les murs furent circulaires, on devait longer les parois intérieures d'une coupole. Le plâtre tombait, des gravats retardaient mon avance.

Je continuai, les vieux me suivaient, se suspendaient à ma chemise :

– Non, non, monsieur le fils du concierge, pas par là.

Un vieux moins chétif que les autres se mit à genoux devant moi, écartant ses bras :

– Il ne faut pas.

– Pourquoi ?

– Ne posez pas la question !

– Je répète : pourquoi est-ce interdit ?

– Rien ne vous est interdit, jeune monsieur. C'est dans votre propre intérêt.

– Il doit y avoir une sortie par le haut, murmurai-je. Je m'étais obstiné sur l'idée d'une sortie au niveau d'une porte correspondant avec le sol du dehors, mais, bien sûr, la solution était là : s'évader par les toits. C'est bien cela, n'est-ce pas ?

– Ne m'obligez pas à vous répondre, continuait le vieillard. Quelle maladie ont-ils tous, à vouloir savoir, quand l'ignorance et l'illusion sont si belles !

– Laissez-moi passer.

– Dans votre propre intérêt, mon jeune ami...

– Laissez-moi passer. Ne m'obligez pas à me battre contre vous.

– Je ne me battrai pas contre le fils du concierge. Mais si vous écoutez le conseil de l'ancêtre que je suis...

– J'écoute et respecte infiniment l'ancêtre que vous êtes. Mais je ne suis pas contraint de lui obéir.

– Vous n'y êtes pas contraint. Mais peut-être vous souviendrez-vous que je vous ai exhorté à redescendre.

– Je m'en souviendrai. Vous êtes un brave homme. Laissez-moi passer maintenant.

– Bien. C'est là.

Il me désigna, au bout d'un couloir encore plus étroit et poussiéreux, un vasistas. Par la vitre du vasistas, on voyait un ciel gris.

Je pensai : Je ne dois pas avoir peur. Je pensai : Pourvu que ce vieillard ne voie pas que j'ai si peur.

– Embrassez-moi, me dit-il.

Je l'embrassai comme j'aurais embrassé mon père. Et puis j'allai, en serrant les dents. Le vasistas fut tout simple à ouvrir. Me soulevant par les bras, m'aidant en balançant les jambes, je réussis à sortir ma tête, mon buste, et puis le corps entier, et alors le vent me prit.

J'étais enfin à l'extérieur, j'étais au sommet d'une coupole d'ardoise, j'étais au milieu du vent.

Le vent m'enleva dans un tourbillon, je me raccrochais au rebord, mon corps se dressait, retombait, le vent couchait mes cheveux, le vent gonflait ma chemise, je réussis à me retourner en m'accrochant toujours au vasistas, j'avais du mal à ouvrir les yeux, le vent me collait les paupières, et mon regard était balayé par mes cils, mais j'y voyais assez pour pousser un hurlement strident que le vent porta aux quatre coins du monde.

L'horizon, au plus loin, était noir de sortes de cendres suspendues en lourds nuages, ça sentait comme mille morts très anciennes, une odeur de pourriture qui gonflait et mouillait les yeux. De très haut je surplombais l'univers. Et jusqu'à l'horizon, au plus loin, ce n'étaient que ruines, ruines, ruines : bâtiments détruits, murs écroulés, rues défoncées, herbes rousses et pelées, arbres calcinés, troncs rabougris, pelés, feuilles noires, momifiées. Un infini champ de ruines à ras de terre sous un soleil rendu gris par les couches immobiles de puanteur. Seule, au milieu de ce marasme, notre maison, l'opéra, se tenait droite, épargnée par le cataclysme. Le vent me secouait, le vent me tournait, le vent se jouait de moi, et de ma bouche partait ce cri, cette respiration à l'envers, que je ne pensais même pas maîtriser. Peu à peu il me sembla que la coupole au sommet de laquelle je m'accrochais se mettait à pencher, le sol m'apparut plus près. Le sol : des trous, des fêlures, des cratères, des craquelures, et rien de vivant, rien de rien, même pas de traces de cadavres, de squelettes, pas même des vers, pas même des insectes, pas même des fourmis, tout demeurait figé, cristallisé, pétrifié, en ce vertige le vent paraissait ne frapper, n'envoûter que moi, et je n'étais qu'une feuille perdue dans son acharnement. Je tombais, le dôme vacillait, la coupole s'inclinait, l'opéra se renversait, mon hurlement happait mes poumons, ils sortaient de ma bouche, je me raccrochais encore au rebord du vasistas, je tentais désespérément de ne pas céder, mes mains s'effilochaient, j'écoutais dans le vent mes os se disjoindre, j'étais emporté.

Je vis la main.

– Vite !

Cette main, doucement, qui montait au milieu du vasistas, qui me cherchait.

– Viens. Vite.

Mes doigts lâchaient.

– Attrape ma main.

Mes doigts n'en pouvaient plus. La main, si blanche, si jeune, tâtait dans le vide, tâtait dans le vent. Un à un, mes doigts s'envolaient. La main attrapa un de mes derniers doigts. La main monta davantage. La main saisit mon poignet.

– Fais un effort !

Je fis un effort. La main me tirait. Je ne sais comment mon pied s'appuya sur quelque chose. Je dus retenir ma chute. Je dus aider la main à me retenir. Je dus aider la main à me remonter, ma tête plongea dans le vasistas, mon buste bascula, mon corps plongea par le vasistas à l'intérieur de ma maison.

Chapitre onze

Elle m'agrippait la main.

Elle referma le vasistas.

– Maintenant, il faut que tu oublies, que plus jamais tu ne te rappelles ce que tu as vu. C'était une hallucination.

Elle me serrait dans ses bras, elle portait de nouveau la broche, la broche semblable à celle sur la photo de ma mère, j'écoutais le balancement de son odeur :

– Tu n'es jamais monté. Tu n'as jamais ouvert ce vasistas. Ton père ne doit jamais savoir que tu sais.

Je tremblais, je l'écoutais :

– J'ignore quand ce cataclysme eut lieu. Et depuis nous demeurons ici, dans cette maison sauvegardée. Depuis des générations et des générations nous vivons ici, pour maintenir une idée de l'art, une idée du monde d'autrefois. C'est sublime, absurde. Nous prenons notre nourriture dans une réserve de viande et de légumes en conserve. Nous n'avons jamais compté le nombre des boîtes de conserve. Nous ne voulons pas savoir. Cette réserve, miraculeusement considérable, n'est pas éternelle. Un jour de mauvaise surprise elle sera épuisée, nous nous en apercevrons tout d'un coup, ce sera la fin. Nous ne voulons même pas envisager quand sonnera l'heure de la fin. Nous buvons l'eau d'un puits qui, un vilain matin, sera sec. Le rêve, il est dedans, pas dehors. Alors, tu oublies, tu comprends ?

Je tremblais des jambes, je tremblais de tout le visage, j'étais dans ses bras, elle me disait, si belle, dans sa chaleur :

– Oui, ce n'était qu'un cauchemar, il se dissout au petit matin, tu te réveilles de tes visions, c'est la lumière, finie la nuit, tu recommences ta vie comme si rien ne s'était passé, tu recommences à te demander comment sortir d'ici, tu recommences à aspirer à un monde libre, depuis longtemps tu as oublié le vasistas, tu recommences à chercher la sortie, sachant bien que tu ne sortiras jamais, oui, tu t'appuies sur moi, là.

Autour de nous les vieux se groupaient, craintifs. Elle se dressa vers eux :

– Et vous, gardiens de l'invisible, pourquoi l'avez-vous laissé monter ?

Je claquais des dents, je ne voulais pas qu'elle gronde les vieillards, qui avaient fait leur devoir :

– Valentine…

– Chut ! fit-elle en me posant sur la bouche la main qui ne tenait pas ma main, viens avec moi. Je ne te lâche plus. Tu es brave et vaillant, tu l'as montré, mais il faut maintenant contenir ta bravoure. Regarde, tu es presque plus grand que moi. Regarde, nos bouches sont face à face. Ne sois pas vaillant, sois simplement un homme : ton papa est en train de mourir. Non, ne te précipite pas, tiens bien la main de ta Valentine, allons doucement. Il va mourir sur la scène, comme tous les concierges de l'opéra, comme toi plus tard, c'est l'ordre des choses, c'est l'ordre de la vie et de l'amour. Sois un homme, va calmement.

Les escaliers, les escaliers, les escaliers, les escaliers, les escaliers, les escaliers, et la salle de spectacle.

Il était là, papa. Et Valentine et moi malgré tout on se mit à courir, je m'agenouillai devant mon père, je me baissai vers son visage.

La salle était illuminée comme pour les grands spectacles. Sur scène, ils étaient des milliers, mes frères, mes sœurs, les rescapés du monde de l'opéra, les techniciens, les musiciens, les acteurs, leurs parents et leurs enfants. Mme de La Calome, Mme Bekedorf, M. Laglacière, les régisseurs, les habilleurs, les répétiteurs, les accordeurs, les fabricants d'instruments, M. Rozier, Mme Grâce, M. Opique,

M. Gardonne, les balayeurs, les perruquiers, les accessoiristes, les plombiers, les menuisiers, les peintres, les plâtriers, les femmes de chambres, les cuisiniers, M. Rinacle, M. Bolygny, M. Pitogas, M. Lemercier, les électriciens, les machinistes, les chauffagistes, les tôliers, les boulangers. Et le chœur. Et les figurants. Et les danseurs, les étoiles et les petits rats. Et les musiciens, les violonistes, les contrebassistes, les trompettistes, les timbaliers, les chefs d'orchestre. Et les cantatrices, les chanteurs, dans les costumes de leurs plus grands rôles, Mlle Pontaven avec la capeline de Floria Tosca, M. Benedetto avec la bosse de Rigoletto, Mlle Bertin avec le frais corsage de Juliette, M. Calor avec le pourpoint de Roméo, Mlle de La Grille avec les nattes blondes de Marguerite, M. Gribot avec la barbe blanche de Faust, Mlle Fine avec le camélia de Violetta, M. Lange avec l'œil borgne et la lance de Wotan, Mme Ribone avec l'ombrelle de Manon Lescaut, M. Deschaussezts avec le ventre de Falstaff, Mlle Ramoulin avec la robe rouge de Carmen, M. Martin avec le rasoir de Figaro, Mme Kritarougas avec le casque à plume de la Walkyrie, M. Dumart avec les muscles de Samson, Mme Évariste avec le naïf poignard de Mme Butterfly, M. Antonin avec l'épée magistrale de Siegfried, Mlle Remonte avec les anneaux aux chevilles d'Aïda. Et mon père, au centre, sur un lit, vêtu de son bel habit de concierge, pâle et l'œil déjà si loin.

Les tambours battaient.

Mon père, il n'était presque plus rien, une ombre sous des vêtements trop larges, et sa bouche était plus grande que son visage.

Sa voix fut une aile d'oiseau, comme si, déjà, elle venait d'ailleurs :

– Ne me dis plus de ne pas mourir, la comédie est finie, mon fils.

Je n'avais plus de mot dans la gorge.

Mon père, il respirait comme un déchirement.

– Approchez, vous deux.

La main de Valentine n'avait pas quitté la mienne.

– Penchez-vous vers moi.

Et moi je pensais : Tout cela est vrai, bien vrai.

– Mes enfants, quand on meurt on ne pense qu'à l'avenir. Mon fils, veux-tu épouser Valentine Bekedorf ?

– Oui, fis-je dans ce vrai trop vrai.

– Et toi, ma belle Valentine, veux-tu de mon fils pour époux ?

Les tambours battaient.

– Oui, dit Valentine.

– Alors, mes enfants, moi, pour quelques instants encore concierge de l'opéra, je vous déclare unis pour le meilleur et pour l'art. D'ailleurs, votre histoire était déjà écrite,

Valentine t'était destinée, tu l'avais bien compris, mon fils. Je lui avais offert cette broche, à la mort de ta mère, c'était le signe, la transmission de l'amour.

Et comme un grand sommeil le chœur se mit à murmurer à voix fermée : *Dies irae...*

J'aurais désiré me tourner vers Valentine, contempler enfin ses yeux avec la tranquillité du bonheur atteint, mais je ne pouvais détacher mon regard du visage de mon père, ce visage dont la douceur et la douleur m'épouvantaient, ce visage qui me donnait envie de fermer les paupières pour toujours. Il faisait des efforts hors mesure pour souffler les phrases de sa bouche. Et pourtant, c'est avec la plus grande majesté qu'il devait affirmer devant tous :

– Maintenant, mon fils, tu es concierge de l'opéra.

J'aurais voulu pouvoir dire, je n'avais plus de mot.

La seule chaleur de mon corps provenait de Valentine.

– Et maintenant, il va bien falloir que je meure vite, la scène risquerait de devenir ennuyeuse.

Qu'ajouter ? Je pensais : C'est trop réel, trop évident.

Les yeux follement ouverts, je me penchai, me penchai vers lui. Je refusais que cette image de lui s'imprime dans ma mémoire, cette image d'un mourant je devais l'oublier, comme je devais oublier le monde extérieur. Les pupilles de mon père me faisaient signe de m'approcher encore. J'eus peur qu'il sente déjà comme après la mort.

– Mais, auparavant... commença-t-il, avant d'être forcé de reprendre sa respiration.

Ah ! ne me souvenir que de mon père bien vivant, jouant du violon chaque soir pour moi, mon père que j'aimais tant ! Je me surpris à penser : Pourvu que ça finisse vite !

– Auparavant, poursuivit-il, il faut que tu te ressaisisses, mon fils, il faut que tu retrouves les mots, avant qu'il ne soit trop tard. Il y a deux questions que, rituellement, tu dois me poser à l'oreille, auxquelles je dois te répondre à l'oreille.

Valentine et moi, nous étions joue contre joue, au son des tambours et du *Dies irae,* dans ce grand opéra.

C'était la deuxième fois de ma vie que je me retrouvais sur une scène, et je n'ignorais plus qu'on n'y est point soi-même. Je devais faire comme si je n'avais pas enfin tout compris, comme si je pouvais, l'âme naïve, poser encore des questions. Comme si je n'avais jamais ouvert le vasistas, comme si je n'avais pas vu ! Les lèvres contre l'oreille de mon père, je commençai :

– De ce théâtre, ne serai-je que le seul spectateur ?

Et, ses lèvres contre mon oreille, j'écoutai les derniers soupirs hachés de mon papa :

– Jusqu'à la nuit des temps, il nous faut, nous les gens de la musique et du spectacle, sauvegarder un très vieux patrimoine, tel le feu des hommes primitifs, la trace à demi effacée d'une humanité. Or, qui dit spectacle dit spectateur, tu as depuis longtemps deviné ce lieu commun, non ? Ainsi, chaque fils de concierge est-il, jusqu'au moment où il a lui-même un fils, l'heureux bénéficiaire de ces pièces de théâtre chanté qui lui enseigneront le fonctionnement du monde, l'écho d'un univers qui peut-être n'existe plus, puis qui lui enseigneront les passions humaines, les travers et les beautés des humains, toutes ces péripéties qui, lorsqu'on va mourir, paraissent futiles, mais qui, durant la plénitude des sens et de l'espoir, font vibrer nos organes et nos âmes. Ainsi, de génération en génération seront préservés une philosophie et un plaisir, un imaginaire et une discipline. Tu auras un fils avec Valentine. Il sera le fils du concierge de l'opéra. Il jouira des spectacles, s'émerveillera, puis trouvera cela répétitif et ennuyeux, puis trouvera une nouvelle jouissance dans la pérennité des œuvres. Voilà. Ai-je bien répondu, mon fils ?

– Oh, papa, papa...

– Ne t'effondre pas, bon sang ! Serre les gencives, tu es concierge. La mort n'est rien.

Ce qui est agaçant, ce sont les préliminaires, les dernières recommandations, les jérémiades, toute cette mise en scène, tu verras quand ce sera ton tour. Bon : deuxième question ?

Les tambours, le *Dies irae*.

J'avais oublié ce que je devais oublier, j'avais oublié le vasistas, je n'avais rien vu, je ne savais rien. Je demandai :

– De ce théâtre, ne peut-on jamais sortir ? N'y a-t-il aucune porte, vers l'extérieur, qu'on puisse ouvrir ?

Et, ses lèvres contre mon oreille, je m'étonnai soudain du ton presque désinvolte de mon papa :

– Que tu es bête, mon petit ! On peut sortir quand on veut. La grande porte, tu la connais par cœur, celle à côté de notre loge, eh bien il suffit de la pousser, elle a l'air solide, on dirait qu'il faut être costaud ou plusieurs pour la faire tourner sur ses gonds, mais il suffit d'une pichenette, n'importe qui peut prendre l'air. N'importe qui, s'il le veut vraiment !

J'ouvris une bouche muette...

Brusquement, les cils de mon père se mirent à vibrer. Et moi j'entendis ce que me demandaient tout bas les cils de mon père : Tu as été sur la coupole, par le vasistas ? Je battis des cils, sans être vu de Valentine. Et je crois que mon père entendit ce que lui répondirent mes cils tendus : Oui. Car les joues de mon père devinrent un peu moins blanches, comme s'il me disait : Bon, bon, tu es moins stupide que moi, tout va bien, je meurs content. Il reprit, à voix haute, un filet cassé, son dernier appel solennel et rocailleux :

– Adieu, vous tous. Obéissez à mon fils. Gardez la lumière. Le spectacle continue.

Les tambours s'amplifiaient, le *Dies irae* éclatait, ce fut une couronne qui se nouait vers le destin de ce petit théâtre resserré sur lui-même, sur ses illusions lucides, les voix et les battements s'enlaçaient, traversaient les murs, soulevaient le dôme, on s'envolait dans la pureté du chagrin, et les chants étaient ceux des dieux.

Papa, sa tête retomba.

Les voix se turent, dans l'espace, dans notre cosmos.

La joue de Valentine n'avait pas quitté ma joue, la main de Valentine n'avait pas quitté ma main.

Adieu, mon père. Il retrouve ma mère.

Et ce fut un profond sanglot dans ma maison.

Et la bouche de Valentine, que je n'embrassais toujours pas, qui me disait depuis si longtemps :

– Je t'aime, tu es le concierge, je suis ta femme, viens pleurer au creux de mon cou, viens pleurer sur ma poitrine, là où palpite la petite broche, l'oiseau d'argent, et maintenant redresse-toi, voilà.

Les tambours ne battaient plus. L'ancien concierge était mort. On saluait le nouveau concierge.

Et voilà que Gustave, le souffleur, sortit de son trou. Il attrapa le cadavre de mon père, à grand-peine le posa sur ses épaules. Il était vieux, Gustave. Ce fut l'enterrement de mon père. Le nouveau concierge suivit l'enterrement de l'ancien concierge.

Le cortège se mit à avancer, j'allais devant avec ma Valentine, mes larmes séchaient aux bords de mes yeux, le souffleur titubait sous le poids de mon père, je voulus l'aider, Valentine me retint :

– Laisse. Le souffleur des mots est aussi souffleur des morts. Nous sommes au théâtre, cela ne l'oublie jamais !

Ainsi le vieux souffleur des morts porta péniblement mon père.

Chapitre douze

Et le cortège allait, sombre. Enveloppé d'un drap, sur le dos voûté du souffleur, le corps de mon père était un grand aigle défait. La troupe de l'opéra l'accompagnait, dans le silence des pas. Nous traversâmes la salle, le bras de Valentine s'enroulait autour de mon bras, elle me soutenait, et souvent, comme une amarre qui casse, des images me revenaient, des images de mon père, je les préservais. Et peut-être les partageais-je avec Valentine. J'aurais sans doute souhaité avoir avec elle une minute d'intimité tendre, rien que pour revoir la bonté de ses yeux. Mais un mouvement nous poussait, les grandes figures de l'art lyrique, les grands personnages du répertoire traçaient le dernier parcours de l'ancien concierge. Mes souvenirs noyaient mes pas, des couloirs et des salles défilèrent. Et bientôt le monde de l'opéra, et Valentine et moi nous nous retrouvâmes sous la scène.

Au bord de ce gigantesque trou noir, cerné d'échafaudages de passerelles, où, tenus par des cordes, se balançaient les cercueils de nos aïeux dans une obscurité de plus en plus épaisse.

Les grands personnages du répertoire portaient des torches, ils étaient tous là, sur les passerelles : Juliette, Wotan, Carmen, Faust, Aïda, Roméo, Marguerite, Falstaff, Mme Butterfly, Figaro, la Walkyrie, Samson, Tosca, Siegfried. Et tous les figurants, les musiciens, les bâtisseurs de décors, les créateurs de costumes, les chefs d'orchestre, les metteurs en scène, les répétiteurs, les balayeurs, les machinistes, tout ce petit monde, le mien.

Ils portaient des torches et des fleurs, ils disaient adieu à mon père, ce petit monde, le sien.

On délivra Gustave, le vieux souffleur, de son pesant fardeau, on posa le corps de papa dans un grand cercueil lié par une corde. Et, retenu par cette corde, lentement, ce cercueil s'en alla vers les profondeurs.

– Descends, concierge ! fit la voix aigrelette du souffleur.

Et je voyais ces milliers de cordes tenant des milliers de cercueils suspendus dans le vide noir. Ces cordes, elles étaient celles d'une harpe sans limite, et sur elles rebondissait la voix du souffleur, qui d'aigrelette devenait grave à mesure que les échos la transmettaient.

– Descends, concierge ! résonnaient les bois des cercueils de nos mères, de nos pères.

Et les torches de mon peuple s'inclinaient... Il descendait lentement, retenu par sa corde, il s'enfonçait dans la nuit de sous la scène, le cercueil de mon papa. Et les grands personnages du répertoire, les immortels d'un imaginaire dont nous étions les ultimes gardiens jetaient leurs fleurs, qui éclataient puis se perdaient dans l'obscurité, feu d'artifice à l'envers.

Valentine effaçait la mélancolie sur mes joues.

Je relevai les yeux : au-dessus de nous, à l'envers de la scène, il y avait une sorte de lumière bleue, peut-être la mémoire des mélodies, des beautés vocales et musicales qui, depuis des générations et des générations, s'étaient imprimées dans les planches, les tréteaux de l'éternel théâtre.

Mes yeux revinrent vers le cercueil de mon père. Dans le gouffre, au milieu des morts, au milieu des cordes de cette harpe, il disparaissait, il se fondait en un grand sommeil.

– Au revoir, concierge !

Et longtemps, les frémissements des cordes conservèrent le son de plus en plus grave de ce salut plein d'espérance. Cet « au revoir » tremblait encore quand, petit à petit, le peuple de l'opéra remonta vers le monde des vivants, laissant les grands cercueils pendus sous la scène marquer l'écoulement des heures futures de leurs imperceptibles balancements.

Je fus le dernier à partir, les yeux abîmés. A Valentine, j'ai demandé de m'indiquer le cercueil de ma mère. Dans cette inextricable forêt retournée, où les cordes était les troncs et les cercueils les feuilles, elle ne put m'indiquer la branche d'où, il y a quinze ans, j'étais né. Et, la caisse noire où reposait pour toujours mon père, déjà je la distinguais mal des autres. Et bientôt, perdant mes repères, je la confondis avec ses voisines, et ce ne fut qu'un brouillard de morts trop semblables pour être discernés : papa s'était dissous dans l'absolu du grand instrument du Temps.

Mes larmes ne furent plus que des souvenirs sur mes joues.

Dès le lendemain j'exerçai mes nouvelles fonctions. Et le soir j'inscrivis sur le grand registre : *Aujourd'hui, rien d'extraordinaire, rien que le train-train du merveilleux.*

Puis, enfin, je me rendis devant la grande porte. Et, après avoir vérifié que personne à l'ombre des bougies ne m'épiait, à elle je m'adressai :

– Porte qui conduit vers le vaste monde d'en dehors, ce soir tu me fais presque pitié. C'est vrai, tu n'as rien d'impressionnant. Il fallait être un enfant pour être subjugué par ta hauteur et ta puissance. Malheureusement, je ne suis plus un enfant. Aurais-je tout seul, porte, deviné ta faiblesse, si les lèvres de mon père ne me l'avaient point soufflée à l'oreille ? Maintenant, c'est d'un œil serein que je te contemple. Ton bois n'est pas massif, je te soupçonne même d'être en carton-pâte. Tes dorures et tes argenteries sont en toc. Et donc tu n'es point fermée. N'importe qui, ne serait-ce qu'un enfant, peut t'ouvrir. Il suffirait de faire comme moi, de tendre la main, de glisser les doigts par ton interstice central, suffisamment large, et de tirer, tu t'ouvrirais... Mais ne t'inquiète pas, porte, je ne te violerai pas. Ce serait trop simple. Et personne ne t'ouvrira, puisqu'il n'est pas impossible de t'ouvrir. Et, en définitive, non, je ne me moque pas de toi. C'est avec respect que je vais continuer à te regarder, porte. Tu demeureras impressionnante, on t'imaginera redoutable et à jamais interdite.

Je me retournai, certain que des yeux étaient derrière moi, comme une coccinelle sur ma nuque. A l'autre bout de ce hall qui n'était pas si grand, Valentine, assise sur la rampe de l'escalier qui n'était pas si monumental, Valentine, balançant ses jambes et laissant taper ses espadrilles l'une contre l'autre, Valentine avait des yeux de coccinelle.

– Eh oui, disait-elle, on ne sortira plus jamais.

– Jamais.

– Pourtant, dehors, le paysage et l'air doivent être... chantait-elle, laissant sa phrase inachevée, ne trouvant pas l'adjectif adéquat, ne trouvant pas le mot pour dire l'impensable.

– Oui, ils doivent être... soupirai-je, laissant comme elle planer ma voix, dans l'évocation d'une beauté indicible, et ne pensant même plus à ce que j'avais oublié.

– Les arbres et le ciel ! continuait-elle.

– Les arbres, le ciel et les oiseaux, fis-je en m'asseyant près d'elle, balançant les jambes comme elle, ajoutant : les automobiles, les buildings et les aéroplanes, Valentine !

– On aurait pu sortir, quand on était petits.

– On aurait pu ! songeai-je tout haut, et nos jambes se mêlaient.

– On aurait pu devenir acrobates.

– On aurait pu gagner de l'argent, acheter une maison aux bords des pyramides ou des Champs-Élysées.

– On aurait pu voler une automobile.

– Et partir pour le Mexique ou pour le Kremlin.

– On aurait pu avoir des chiens et dresser des dromadaires.

– On aurait pu manger des poissons frais sur la Grande Muraille de Chine ! chantai-je, caressant le cou, embrassant la main de ma Valentine.

– On aurait pu aussi ne pas s'aimer, dit-elle.

– Tu crois ?

– On aurait pu se perdre. Mais on est bien, ici.

– Notre enfant sortira peut-être, lui.

– Tu crois ?

– Lui, il le croira.

– Notre enfant : tu vas un peu vite !

– Notre enfant : dans des années !

– Notre enfant : dans des années ? Si tard ?

– Notre enfant : quand tu voudras.

Je faillis lui demander : « Pourquoi as-tu décidé de me pardonner ? De m'aimer sans arrière-pensées ? Oh ! Valentine ! ne songes-tu vraiment plus à mes folies sur scène ? » Je faillis, mais, prudemment, je me retins. Il ne fallait point briser l'harmonie encore fragile qui unissait nos bouches sur ce chemin de la vie. Comme ma mère, Valentine devait, pour une part, rester un mystère. Un mystère que chaque jour je parcourerai, à défaut de parcourir le monde. Comment pouvais-je être si heureux au lendemain de la mort de mon père ? Mais n'était-ce pas son propre bonheur, le bonheur de savoir son avenir assuré, sa succession envisagée, qui d'outre-tombe illuminait mon esprit ?

... Deux ans plus tard, j'écris ces lignes.

Notre amour est devenu un grand fleuve. Et même si je n'ai jamais vu de vrai fleuve, même si je n'en vois jamais, et je n'en verrai jamais, je sais ce qu'est un fleuve, connaissant notre amour à Valentine et à moi.

Aujourd'hui, avec application, j'ai raconté par écrit ma vie. Du moins ma vie jusqu'à ce jour.

Aujourd'hui, Valentine accouche de notre premier enfant.

Je me trouve dans le bureau des concierges. Mon bureau. Dans notre chambre, Valentine est avec le Dr Abrite. Tout à l'heure elle m'a embrassé la main :

– Va-t-en.

– Je voudrais rester...

– Il ne faut pas que tu me voies souffrir.

– Tu ne souffriras pas.

– Mais si ! Nous avons beau vivre dans un grand théâtre, au milieu des décors et des artifices, cet accouchement ne sera pas une comédie, il y aura du vrai sang, il se peut qu'on se déchire. Alors, tu t'en vas, mon mari.

– Je t'aime, Valentine.

– Dans quelques minutes cet amour me fera de plus en plus mal, et je ne veux pas que tu me voies te le reprocher.

Elle m'a chassé. Pour calmer le temps et ma nervosité, j'ai raconté ma vie.

Tous les trois mots, je lève la tête, j'écoute : quelquefois Valentine crie, de petits cris brefs, sans suite... Je m'interroge souvent, encore, sur son changement d'attitude d'il y a deux ans, les mêmes questions tournent dans ma tête : Ne me pardonna-t-elle que par devoir, parce qu'elle était destinée depuis sa naissance à m'épouser afin d'assumer la survie de la dynastie des concierges, et ce pardon de soumission entraîna-t-il l'amour qu'elle me porte aujourd'hui et qu'elle ne feint certainement pas ? Lui fallait-il me détester un moment, pour répondre à la haine que j'avais éprouvée lors de nos premières rencontres et qu'elle avait ressentie, pour rétablir entre nous l'équilibre ? Ces questions, pas plus que je ne sortirai de cette prison, je ne les lui poserai. Et puis, la Kritarougas est morte.

Sur mon bureau, le portrait de mon père a rejoint celui de ma mère. Et mon père a rejoint ma mère dans son secret : l'ai-je connu davantage qu'elle, nous sommes-nous véritablement parlés ?

Je me lève, je vais dans le hall.

Ils sont là, mes frères, mes sœurs. Ils attendent la naissance de l'enfant du concierge. La naissance de celui qui assurera la pérennité d'un mirage, le passage de la flamme d'un feu bien pâle. Ils sont là, sur l'escalier, muets. M. Laglacière est mort. Le souffleur, Gustave, est mort aussi. C'est son fils, Antoine, qui le remplace. Les souffleurs ne seront toujours appelés que par leur prénom. Mme de La Calome, elle, est toujours là, vieillie. Et M. Gardonne. Et M. Moulin, et Mme Grâce et Mlle Planche dont les mains sont paralysées. L'enfant de Mme Stygert et de M. Jourfin a grandi. Il y a d'autres enfants, et tous les musiciens sont présents aussi : M. Habart, le premier violon, Mme Jouvence, la joueuse de triangle, M. Lumire, le flûtiste, tout l'orchestre. Et les chefs, maître Dignevrois, maître Hubry, maître Zasmopoulowitz. Et les metteurs en scène. Et les chanteurs, n'oublions pas les chanteurs, pas d'opéra sans chanteurs, MM. Calor et Martin, Mlle de La Grille... Mes frères, mes sœurs, je vous aime. Notre opéra est tout petit. Aujourd'hui que je suis presque père, mes illusions se sont réduites : rien d'immense, non, rien de monumental, rien d'infini, les statues manquent de bras, les ors sont décollés, les velours rapiécés, la scène croulante. Mais on restera fidèle, on brandira le drapeau de l'art lyrique, de la représentation d'un monde disparu jusqu'à ce jour que je redoute tant, ce jour où M. Walabi, l'économe, surgira dans mon bureau : « Monsieur le concierge, il n'y a plus une seule boîte de conserve, il n'y a plus rien à manger ! » Alors, nous rejoindrons l'humanité dans son néant... Mais non, tout est beau, dehors il y a des arbres, des buildings, des fleurs, des vaches, des avions, des oiseaux, des haricots verts, des passions, des familles, des amants, une vie aussi trépidante que dans les spectacles dont chaque jour je suis encore l'unique spectateur, oui, oui. Et mon opéra est le plus grand opéra du monde ! Et je suis son concierge. Lecteurs des autres pays, lecteurs des autres villes, lecteurs morts depuis longtemps, lecteurs qui n'existez plus, vous vous rendez compte, je suis concierge de l'opéra !

Je marche de long en large, dans le hall, devant cet escalier d'où ils me regardent tous, mes frères, mes sœurs. Ils me suivent des yeux... Je marche ; en vérité, en dix pas, déjà je suis au bout de ce hall, vraiment ridiculement petit. Non, il faut laisser croire que ce hall est immense, qu'on doit faire mille pas avant d'en atteindre le bout ! Alors je mesure mes pas, je les économise, je me marche sur les pieds... Il me suit des yeux, mon peuple, il regarde le concierge de l'opéra qui va avoir un fils. Et si c'était une fille ? Peut-on être la fille du concierge de l'opéra ? Peut-on être « la » concierge de l'opéra ? Je vais édicter une loi : les concierges peuvent être mâles ou femelles. Mais puis-je édicter des lois ? Ne sommes-nous pas héritiers de coutumes qui ne peuvent se modifier, même si elles sont injustes ? Pourtant, j'aimerais bien avoir une fille... Valentine, je voudrais tant être avec elle : elle crie, elle crie maintenant beaucoup et sans interruption ; je vais me précipiter, malgré ses recommandations je vais la prendre dans mes bras, lui dire : « J'ai mal avec toi... » Elle hurle, ma Valentine, j'ai encore plus de souffrance qu'elle puisque je souffre loin de sa souffrance, je me précipite... Mais, tous, mon peuple, mes frères, mes sœurs, sur l'escalier, ils lèvent le bras pour m'empêcher, m'empêcher de courir. Je tombe à genoux : Mon dieu, Dieu de l'Opéra, même si vous n'existez pas, donnez-moi un enfant et ne faites pas de mal à ma Valentine.

De la loge des concierges sort le Dr Abrite :

– C'est un garçon !

Alors, du plus grand opéra du monde, de la monumentale bâtisse sise au centre de l'univers resplendissant, jaillit un chœur d'applaudissements qui nous projette jusqu'aux lunes, jusqu'aux soleils !

Valentine, je t'aime.

Ainsi, jusqu'au bout, je garderai l'espoir et la faible flamme.

Mon enfant sera le fils du concierge de l'opéra.

Il ne sortira jamais d'ici. Et pourtant la grande porte restera accessible, facile à ouvrir. Pour mon enfant, l'extérieur de l'opéra sera une légende, et s'il connaît la vérité il l'oubliera.

Pour lui, dans la chaîne des porteurs de cette lumière, les plus grands comédiens, les plus géniaux chanteurs, les plus doués décorateurs, les plus habiles habilleurs créeront des spectacles qui lui apprendront la beauté d'une humanité qu'il ne rencontrera jamais pour de vrai. Pour lui, j'apprends à jouer du violon. Il épousera celle que je lui destinerai.

Un jour, mon fils verra mon cercueil descendre dans le gouffre du temps qui s'enfuit. Il deviendra à son tour concierge de l'opéra. Chaque soir il écrira sur le grand livre : *Aujourd'hui, rien d'extraordinaire, rien que le train-train du merveilleux.*

Du même auteur

CONTES PARADOXAUX

I. La Promenade cassée, *Gallimard*

II. Les Autocoincés, *Gallimard*

III. Mille Pattes sans tête, *Hallier-Albin Michel*

IV. Ventre bleu, *Balland*

V. Jour de chance, *Presses de la Renaissance*

VI. Une journée d'Hélène Larrivière, illustré par Cyril Delmote, *Presses de la Renaissance*

LA TERRE NE TOURNE PAS AUTOUR DU SOLEIL
(cycle romanesque)

La Terre ne tourne pas autour du soleil, *Gallimard*

La Vie ordinaire des anges, *Robert Laffont*

Le Rire du Pharaon, *Robert Laffont*

La Récréation du monde, *Robert Laffont*

Avec David Bloom dans le rôle de David Bloom, *Robert Laffont*

L'Enorme Tragédie du rêve, *Robert Laffont*

ESSAIS

Je suis lesbien, *Balland*

Torero d'or (avec Catherine Clément), *Hachette*

Éloge du gros dans un monde sans consistance, *Robert Laffont*

Faust et Antigone, ou le roman-spectacle, *Presses de la Renaissance*

Achevé d'imprimer
le 27 décembre 1991
sur les presses de
l'Imprimerie Hérissey
à Évreux (Eure)

N° d'imprimeur : 56544
N° d'éditeur : 52160
Dépôt légal : décembre 1991
ISBN 2-07-056592-0
Imprimé en France